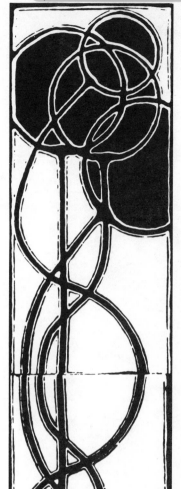

CONTACTS

LANGUE ET CULTURE FRANÇAISES

Cahier d'exercices

JEAN-PAUL VALETTE

REBECCA VALETTE, Boston College

HOUGHTON MIFFLIN COMPANY   BOSTON

Atlanta   Dallas   Geneva, Illinois   Hopewell, New Jersey   Palo Alto   London

CONTENTS

CREDITS

Illustrations by Barbara Low.

Maps on pages 1 and 38 by ANCO.

Photographs on page 16 courtesy of Renault USA, Inc.;
Automobiles Citroën, Paris; Avions Marcel Dassault and
Falcon Jet Corporation.

Printed in the United States of America.

ISBN: 0-395-20692-8.

The **Cahier d'exercices** and the tape program have been designed to accompany *Contacts.*

Your success in mastering French will reflect the amount of time you devote to the language. The hours spent in class should be supplemented by additional language contact outside of class. The best way to improve your listening skills is to go to the language laboratory and do the various exercises of the tape program. Listening to French songs or to French-language radio broadcasts, if available, will also help attune your ear to the language. Seeing the French films that come your way and perhaps sitting through them more than once is another valuable way to increase comprehension.

The first part of the **Cahier d'exercices** provides out-of-class practice in handling written French. The exercises, which are of various types, focus on the new structures and vocabulary of each lesson. In the margin of most exercises you will note a reference to the student text, in parentheses. For example, the letter (A) in the margin means that the corresponding explanations are found in Part A of the **Structure et vocabulaire** section for that lesson. The **Commentaires personnels** exercises at the end of most workbook lessons allow you to utilize the new material in a freer context.

The tape program contains recordings of the **Langue et culture, Renseignements culturels, Mots utiles,** and **Phonétique** sections of each lesson, as well as of the **Documents et Instantanés** found at the end of each unit. In addition, lessons include recorded exercises entitled **Identification de structures** and **Spot dictation.** Answer sheets for these tape activities are found in the second part of the **Cahier d'exercices.**

EXPRESSIONS POUR LA CLASSE

A. Pour la compréhension: expressions utilisées par le professeur

Ecoutez (bien).	Listen (carefully).
Ecoutez la bande / la question.	Listen to the tape / the question.
Répétez. Ne répétez pas.	Repeat. Don't repeat.
Tous ensemble.	All together.
Encore une fois.	Again. Once more.
(Parlez) plus fort.	(Speak) louder. Speak up.
Répondez. Ne répondez pas.	Answer. Don't answer.
Commencez.	Begin.
Continuez.	Continue.
Allez au tableau.	Go to the board.
Asseyez-vous.	Sit down.
Posez une question à . . .	Ask a question of . . .
Demandez à . . . de répondre.	Ask . . . to answer.
Demandez à . . . si . . .	Ask . . . if (whether) . . .
Dites à . . . que . . .	Tell . . . that . . .
Prenez votre livre / votre cahier.	Take your book / your notebook (workbook).
Ouvrez / Fermez votre livre / votre cahier.	Open / Close your book / your workbook.
Regardez le tableau / la page . . .	Look at the chalkboard / page . . .
Prenez du papier / un stylo / un crayon.	Take a sheet of paper / a pen / a pencil.
Ecrivez. Lisez.	Write. Read.
Faites attention à la prononciation / l'orthographe.	Pay attention to the pronunciation / the spelling.
Pour la prochaine fois . . .	For next time . . .
Préparez . . . Etudiez . . .	Prepare . . . Study . . .
Faites l'exercice à la page . . .	Do the exercise on page . . .

B. Pour s'exprimer: expressions utilisées par les étudiants

Où (A quelle page) sommes-nous?	Where (On what page) are we?
Répétez, s'il vous plaît.	Please repeat.
Je ne comprends pas.	I don't understand.
Je ne sais pas.	I don't know.
Comment dit-on / écrit-on . . . en français?	How do you say / write . . . in French?
Que veut dire . . . ?	What does . . . mean?
Quelle est la date de l'examen?	What day is the exam?
Qu'est-ce qu'on doit étudier?	What do we have to study?
Qu'est-ce qu'on doit faire pour la prochaine fois?	What do we have to do for next time?
Quelle est ma note?	What's my grade?
Est-ce que je peux venir vous voir?	May I come and see you?

C. Expressions grammaticales

le déterminant / le nom / l'adjectif	determiner / noun / adjective
le pronom / le verbe / l'adverbe	pronoun / verb / adverb
la préposition / la conjonction	preposition / conjunction
le sujet / l'objet	subject / object
le singulier / le pluriel	singular / plural
une voyelle / une consonne	vowel / consonant
un mot / une expression	word / expression
une phrase / une question	sentence / question
l'accord	agreement

Leçon Un   Au Canada

(A)   1   Au Québec

A group of American students are traveling in the province of Quebec. Say which cities they are visiting. Use the appropriate forms of **visiter**.

1. Paul et Robert .... Québec.

2. Michèle et Linda .... Montréal.

3. Joe .... Trois-Rivières.

4. Lynne .... Rivière-du-Loup.

5. Nous .... La Tuque.

6. Vous .... Sept-Iles.

7. Je .... Val-d'Or.

8. Tu .... Joliette.

9. Anne et Alain .... Pointe-Claire.

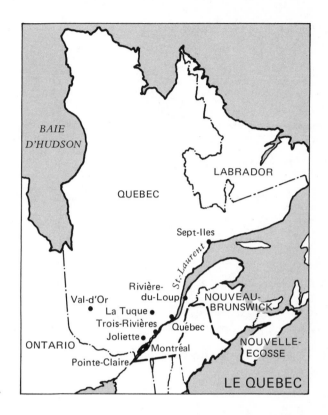

(A)   2   A la Nouvelle-Orléans

A youth congress is being held in New Orleans. Say where the following people come from and whether they speak French (**français**) or English (**anglais**). Follow the model.

> Paul arrive de Paris.   *Il parle français.*

1. Jacques .... de Genève. ....

2. Isabelle .... de Lyon. ....

3. Linda .... de New York. ....

4. Robert et Roger .... de Melbourne. ....

5. Sally et Eileen .... de Glasgow. ....

6. Sophie et André .... de Paris. ....

7. Marc et Jean-Paul .... de Haïti. ....

8. Philippe .... de Minneapolis. ....

(A) 3 Ensemble (Together)

Say that the following people are doing things together. Begin each statement with a pronoun (**ils**, **elles**), and end with the word **ensemble**. (Note: **avec** = *with*.)

> Jacques joue au tennis avec André? *Oui, ils jouent au tennis ensemble.*

1. Paul joue au ping-pong avec Albert? ....

2. Michèle visite Paris avec Suzanne? ....

3. Sylvie visite Québec avec Brigitte et Christine? ....

....

4. Henri habite avec Paul? ....

5. Thérèse habite avec Barbara? ....

6. Louis travaille avec François et Lucien? ....

....

7. André regarde la télé avec Marc? ....

....

8. Nathalie écoute des disques avec Stéphanie? ....

....

9. Elisabeth dîne avec Jacques? ....

10. Paul danse avec Marie-Hélène? ....

(B)

Now read your sentences aloud. Be sure you make the liaison in numbers 4, 5, and 8.

(A,B) 4 Dialogues

Complete the following dialogues according to the model. (Note: **souvent** = *often*; **ensemble** = *together*.)

> —Tu joues au tennis?
> —*Oui, je joue* avec Brigitte.
> —*Vous jouez souvent ensemble?*
> —*Oui, nous jouons souvent ensemble.*

1. —Tu étudies?

— .... avec Marc.

— ....

— ....

2. —Tu travailles?

— .... avec Paul.

— ....

— ....

3. —Tu dînes au restaurant?

— .... avec Anne.

— ....

— ....

(C) 5 *Jamais content* *(Never happy)*

Henri does not like Sylvie's suggestions. Complete the dialogue according to the model. (Note: **aimer mieux** = *to prefer*.)

> Tu joues au ping-pong? *Non, j'aime mieux jouer* au tennis.

SYLVIE	HENRI
1. Tu téléphones à Gérard?	.... à Marc.
2. Tu invites André?	.... Brigitte.
3. Tu regardes le match de base-ball?	.... le match de football.
4. Tu joues au bridge?	.... au poker.
5. Tu écoutes du jazz?	.... de la musique pop.
6. Tu étudies l'anglais?	.... le français.
7. Tu danses avec Jacqueline?	.... avec Bernadette.

(A,C) 6 *Préférences*

The following people prefer different activities. Say that they are doing what they like to do. Use subject pronouns, and end each sentence with **maintenant** (*now*).

> J'aime jouer au volley-ball. *Je joue au volley-ball maintenant.*

1. Nous aimons regarder la télévision. ....

2. Tu aimes étudier l'histoire. ....

3. Jacqueline aime visiter Paris. ....

4. Robert et Marc aiment habiter à Montréal. ....

5. J'aime écouter la radio. ....

6. Henri aime téléphoner à Marie. ....

7. Vous aimez jouer au bridge. ....

8. Martin aime parler anglais. ....

9. Louise et Charles aiment danser. ....

10. Hélène et Nathalie aiment travailler. ....

7 Commentaires personnels

Say whether you like or dislike the following activities, and whether you engage in them often (**souvent**) or seldom (**rarement**). Follow the models.

> *J'aime* jouer au tennis. *Je joue souvent* au tennis.

> *Je déteste* étudier. *J'étudie rarement.*

1. .... jouer au basket-ball. .... au basket-ball.

2. .... jouer au golf. .... au golf.

3. .... travailler. ....

4. .... écouter de la musique pop. .... de la musique pop.

5. .... danser. ....

6. .... dîner au restaurant. .... au restaurant.

7. .... regarder la télé. .... la télé.

8. .... parler français. .... français.

Leçon Deux   Au Sénégal

(A)   1   Le Corps de la Paix   (Peace Corps)

A group of American students are working for the Peace Corps in Africa. Say where they are and what they are doing. Complete the sentences with the appropriate forms of **être.**

1. Robert .... à Dakar. Il .... chimiste.

2. Lucy .... à Meknès. Elle .... professeur d'anglais.

3. Paul et Roger .... à Bouaké. Ils .... techniciens.

4. Sylvia et Barbara .... à Niamey. Elles .... agronomes.

5. Nous .... à Tunis. Nous .... professeurs de maths.

6. Vous .... à Kinshasa. Vous .... docteur.

7. Tu .... à Fort-Lamy. Tu .... forestier.

8. Je .... à Abidjan. Je .... interprète.

(B)   2   Abdou

Abdou is an exchange student from Dakar. There are certain things he does and others he never does. Complete each sentence accordingly, with a verb in the negative.

> Abdou joue au football.   *Il ne joue pas* au tennis.

1. Il parle français. .... arabe.

2. Il étudie les maths. .... l'histoire.

3. Il joue de la guitare. .... du piano.

4. Il aime le jazz. .... la musique pop.

5. Il habite au Sénégal. .... en France.

(B)   3   Non!

The questions below concern the people from exercise 1. Answer them negatively.

> Est-ce que Robert est à Abidjan?   *Non, il n'est pas à Abidjan.*

1. Est-ce que Robert est forestier? ....

2. Est-ce que Lucy habite à Fort-Lamy? ....

3. Est-ce qu'elle est agronome? ....

4. Est-ce que Paul et Roger sont à Kinshasa? ....

5. Est-ce qu'ils travaillent comme professeurs? ....

6. Est-ce que Sylvia et Barbara habitent à Bouaké? ....

(B)   4   *Jamais le dimanche*   *(Never on Sundays)*

Today is Sunday. There are certain things that Pierre and Paul, Robert's roommates, never do on Sundays. Complete the dialogue accordingly.

> Vous étudiez?   *Non, nous n'étudions jamais le dimanche.*

ROBERT	PIERRE ET PAUL
1. Vous travaillez?	....
2. Vous jouez au tennis?	....
3. Vous écoutez la radio?	....
4. Vous regardez la télé?	....
5. Vous téléphonez à Jean?	....
6. Vous dînez au restaurant?	....

(C)   5   *Questions et réponses*

Complete the following dialogues -- but first read them through carefully.

> —*Est-ce que* tu habites en Afrique?
> —Oui, j'habite en Afrique.
> —*Est-ce que tu habites* à Dakar?
> —Non, j'habite à Abidjan.

1. —.................................... tu parles français?
   —Oui, je parle français.

   —.. anglais aussi?
   —Non, je ne parle pas anglais.

2. —.................................... tu joues au tennis?
   —Non, je ne joue pas au tennis.

   —.. au football?
   —Oui, je joue au football.

3. —.................................... tu travailles?
   —Oui, je travaille pour une compagnie aérienne.

   —.. pour Air Afrique?
   —Oui, je travaille pour Air Afrique.

Leçon Trois   A l'Alliance Française

(A,B)   *1   Questionnaire*

Imagine that you are applying for a job with Air France. Answer the following questionnaire.

1. Comment vous appelez-vous? ....

2. Où habitez-vous? ....

3. Où êtes-vous étudiant? ....

4. Parlez-vous anglais? ....

5. Parlez-vous espagnol? ....

6. Etudiez-vous le français? ....

7. Aimez-vous voyager? ....

8. Voulez-vous habiter en France? ....

(A)   *2   Une rencontre*

Two foreign students, Paul and Robert, meet for the first time in front of the Alliance Française. Paul introduces himself and wants to know more about Robert. Complete his questions, using the inverted form.

> Je suis suisse.   *Es-tu suisse aussi?*

1. Je parle français. ....

2. Je suis étudiant en médecine. ....

3. J'étudie la biologie. ....

4. J'aime Paris. ....

5. Je joue au tennis. ....

6. Je voyage souvent. ....

(A)   *3   Philippe*

Philippe is an exchange student from Switzerland. His roommate, Bob, talks to you about him, but you want to know more. Complete the dialogue, using inverted questions.

> Philippe habite en Suisse.   *Habite-t-il* à Genève?

BOB   VOUS

1. Il est étudiant.   .... étudiant en sciences économiques?

2. Il joue au volley-ball. .... bien au volley-ball?

3. Il aime les sports. .... le tennis?

4. Il parle anglais. .... avec un accent?

5. Il travaille. .... beaucoup?

(A,B)   4   *Une interview*

Imagine that you have interviewed a visitor from Europe for your campus newspaper. You are now transcribing this interview. Complete the questions, using the inverted form. Read the interview carefully before writing.

>   —*Etes-vous* français?
>   —Non, je suis belge.
>   —*Où habitez-vous* précisément?
>   —J'habite à Bruxelles. C'est la capitale de la Belgique.

— .... français?
— Bien sûr, je parle français.

— .... aux Etats-Unis (*in the United States*)?
— Je suis aux Etats-Unis pour affaires (*on business*).

— Pour .... ?
— Je travaille pour Sabena. C'est une compagnie aérienne.

— .... voyager?
— Bien sûr. J'aime beaucoup voyager.

— .... à Bruxelles?
— Je rentre le 18 mars.

(B)   5   *Questions et réponses*

Paul meets Sylvia at an international club in Paris. Complete the dialogue by writing Paul's questions. Begin each question with an expression from the **Mots Utiles** on page 24 of the textbook.

>   —*Où habites-tu?*
>   —J'habite à Rome.

— ....
— J'étudie à l'Alliance Française.

— ....
  J'étudie le français parce que je veux être interprète.

— ....
— Je compte travailler au Canada.

— ....
— Je rentre à Rome en septembre.

Leçon Quatre   Le vélomoteur

(A)   1   Pas de chance   (Tough luck)

Jacques has a habit of borrowing money, but today he had no luck getting ten francs (**dix francs**) from his friends. Complete the dialogue below with the appropriate forms of **avoir**.

—Brigitte, ... -tu dix francs?

—Non, je n' .... pas dix francs.

—Et vous, Henri et François? .... -vous dix francs?

—Non, nous n' .... pas dix francs.

—Et Sylvie?

—Non, elle n' .... pas dix francs!

—Et Pierre et Paul?

—Non, ils n' .... pas dix francs!

(B)   2   L'inventaire du garage

Jacques is taking an inventory of the contents of his garage to determine what works and what does not. Complete his statements with the appropriate articles. (Note: **marcher** = *to work*.)

> Il y a *un* réfrigérateur. Il ne marche pas.

1. Il y a .... guitare. Elle ne marche pas.

2. Il y a .... vélo. Il marche.

3. Il y a .... lampe. Elle ne marche pas.

4. Il y a .... moteur. Il ne marche pas.

5. Il y a .... radiateur. Il ne marche pas.

6. Il y a .... dynamo (*battery*). Elle ne marche pas.

(B)   3   Photos diverses

Jack is the head of a team of photographers going to France to do a photographic essay. He is giving them their assignments. Complete his instructions with the appropriate subject pronouns.

> Je visite un château.   *Il* est à Chambord.

1. Lois, tu visites une cathédrale. .... est à Chartres.

2. Rob et Judith, vous visitez un vignoble (*vineyard*). .... est à Bordeaux.

3. Nancy et John, vous visitez un casino. .... est à Biarritz.

4. Charles, tu visites une université. .... est à Grenoble.

(B) 4   *Identification*

Identify the objects pictured by completing the dialogues.
(Note: **c'est** = *it is*; **ce n'est pas** = *it isn't*.)

> —*Est-ce que c'est* un vélomoteur?
> —*Non, ce n'est pas un vélomoteur.*
>   *C'est une voiture.*

1. — .... un vélo?

— Non, ...

....

2. — .... une télé?

— Non, ...

....

3. — .... une cassette?

— Non, ...

....

4. — .... un électrophone?

— Non, ...

....

5. — .... un disque?

— Non, ...

....

6. — .... une radio?

— Non, ...

....

(C) 5 *Aux Galeries Lafayette*

Imagine that you are in the Galeries Lafayette, a large Paris department store, with a friend. She is looking for the following objects. Point them out to her.

> une caméra *Il y a des caméras là-bas.*

1. une table ....

2. un ventilateur (*fan*) ....

3. une raquette ....

4. un sweater ....

5. une lampe ....

6. une cassette ....

(A,D) 6 *On ne peut pas tout avoir* *(You can't have everything)*

Say that the following people have the first item listed, but not the second one.

Paul (une caméra, un appareil-photo) *Paul a une caméra, mais il n'a pas d'appareil-photo.*

1. Marie (une télé, une radio) ....

....

2. Jean-Jacques (un vélo, une voiture) ....

....

3. Nous (un électrophone, des disques) ....

....

4. Vous (une lampe, des livres) ....

....

5. Je (une moto, un vélomoteur) ....

....

6. Tu (une guitare, un banjo) ....

....

7. Martin et Thérèse (des cassettes, une mini-cassette) ....

....

(D) 7 *Votre quartier* *(Your neighborhood)*

Describe the area in which you live, indicating whether the following are found there. Use **il y a** in affirmative or negative sentences.

> un musée *Il y a un musée. (Il n'y a pas de musée.)*

1. un cinéma ....

2. un supermarché ....

3. une université ....

4. un stade (*stadium*) ....

5. un hôtel ....

6. une discothèque ....

7. des cafés ....

8. des magasins (*shops*) ....

9. une cathédrale ....

10. une station de télévision ....

11. un aéroport ....

Leçon Cinq   Un chic type

(A,B)   1   *L'addition   (The check)*

French students at a café are ordering sandwiches and coffee. Sandwiches cost three francs each and coffee costs two francs. Tell what each student has to pay. (Note: **commander** = *to order*; **il paie** = *he pays*; **ils paient** = *they pay.*)

> Paul commande un café et un sandwich.   *Il paie cinq francs.*

1. Jacques commande deux cafés. ....

2. Emilie commande deux sandwichs. ....

3. Sylvie commande deux sandwichs et un café. ....

4. Marc et Antoine commandent deux cafés et deux sandwichs. ....

5. Henri et Yvonne commandent quatre sandwichs. ....

6. Suzanne et Michel commandent trois sandwichs. ....

(B)   2   *Standard téléphonique   (Telephone switchboard)*

Imagine that you work at the switchboard of a French company. Transcribe the following phone numbers.

> cinquante-six, quinze, vingt-huit   *56. 15. 28*

1. vingt-neuf, dix-huit, trente ....

2. vingt-trois, trente-deux, cinquante ....

3. dix-neuf, soixante, zéro sept ....

4. cinquante et un, seize, soixante-huit ....

5. quarante, quarante-deux, quatorze ....

(C)   3   *Québec et Paris*

There is a six-hour difference between Paris and Quebec. The clocks below show the hour in Quebec. Give the times in the two cities.

> *Quand il est deux heures à Québec, il est huit heures à Paris.*

1. ....

....

2. ....

....

3. ....

....

4. ....

....

(C) 4 *Rendez-vous*

It is Saturday, and everyone has a date. Give the times according to the model.

> Paul *a rendez-vous* avec Brigitte *à deux heures.*

1. Jacques ....

avec Christine ....

2. Isabelle ....

avec Yves ....

3. J' ....

avec Nathalie ....

4. Tu ....

avec Pierre ....

5. Nous ....

avec Josette ....

6. Vous ....

avec Jean-Michel ....

Leçon Six   Un test

(A)   1   Français ou Américains?

Give the nationalities of the following actors and actresses. Use the appropriate forms of the adjectives **français** and **américain**.

>   Jane Fonda *est américaine. Elle n'est pas française.*

1. Brigitte Bardot ....

2. Marlon Brando ....

3. Yves Montand ....

4. Barbra Streisand ....

5. Paul Newman et Robert Redford ....

6. Simone Signoret et Catherine Deneuve ....

(B)   2   Le tour du monde

On her world tour, Linda bought several objects in different countries. Describe her purchases, using the adjectives in parentheses. (Note: **elle a acheté** = *she bought.*)

1. (suisse, belle) A Genève elle a acheté une .... montre ....

2. (japonaise, petite) A Tokyo elle a acheté une .... télé ....

3. (jolie, rouge) A Paris elle a acheté une .... robe ....

4. (blanc, beau) A Londres elle a acheté un .... pull-over ....

5. (vieille, espagnole) A Madrid elle a acheté une .... guitare ....

(C)   3   Opinions

Give the nationalities of the following people. Then express your opinions about them, using the adjectives in parentheses.

>   Mohamed Ali (remarquable)   *Il est américain. C'est (Ce n'est pas) un boxeur remarquable.*

1. Norman Mailer (intéressant) ....

.... un auteur ....

2. Liz Taylor (sympathique) ....

.... une actrice ....

3. Sophia Loren (intelligente) ....

.... une actrice ....

4. Robert Frost et Carl Sandburg (sensibles (*sensitive*)) ....

.... des poètes ....

5. Louis Armstrong et Duke Ellington (ordinaires) ....

.... des musiciens ....

(A,B)   4   *Agent(e) commercial(e)*

Imagine that you are a representative for the following French products. Advertise them, using at least three adjectives from the **Mots utiles** for each description.

> Voici une Renault 5.

C'est *une voiture économique.*
Elle *est petite et pratique.*

1. Voici une Citroën GS.

C'est ....

Elle ....

....

2. Voici un vélomoteur Peugeot.

C'est ....

Il ....

....

3. Voici un avion Falcon 20.

C'est ....

Il ....

....

Leçon Sept   Cinéma

(C) *1*   *Regrets*

Because of lack of money, the following people are not buying what they really want. Tell what they are buying and what they would prefer.

> Jacques *achète* un vélo, mais en réalité il *préfère* une moto.

1. Nous .... une radio, mais en réalité nous .... une télé.

2. Vous .... un transistor, mais en réalité vous .... un électrophone.

3. J' .... un appareil-photo, mais en réalité je .... une caméra.

4. Tu .... un banjo, mais en réalité tu .... une guitare.

5. Henri .... un journal, mais en réalité il .... un livre.

6. Sophie et Brigitte .... un disque, mais en réalité elles .... un album.

(A) *2*   *Préférences*

Complete the following sentences so as to express your feelings about your favorite artists.

> *Le* musicien que je préfère est *Bob Dylan.*

1. .... chanteur que je préfère est ....

2. .... chanteuse que je préfère est ....

3. .... artiste que je préfère est ....

4. .... acteurs que je préfère sont .... et ....

5. .... actrices que je préfère sont .... et ....

(A) *3*   *Surprise-partie*

Imagine that you are organizing a party. You are borrowing the following items from a friend. Ask where each thing is.

> une guitare   *Où est la guitare?*

1. une radio ....

2. un banjo ....

3. un électrophone ....

4. une lampe ....

5. des disques ....

6. des cassettes ....

(B) 4 **Opinions**

Say whether you like or dislike the following things and explain why, using the suggested adjectives.

> le théâtre (intéressant)   *J'aime (Je déteste) le théâtre. Le théâtre (n') est (pas) intéressant.*

1. la musique (indispensable) ....

....

2. le football (dangereux) ....

....

3. la révolution (nécessaire) ....

....

4. les westerns (intéressants) ....

....

5. les livres (ennuyeux) ....

....

6. les bandes dessinées (amusantes) ....

....

(A,B) 5 *Définitions*

Use the nouns in group B to define the ones in group A. Feminine nouns are marked with an asterisk (*).

A

cinéma	musique *
biologie *	physique *
violence *	pollution *
générosité *	courage
football	tennis
sculpture *	

B

spectacle
art
science *
crime
vertu *
sport

> *Le cinéma est un art.*

1. ....

2. ....

3. ....

4. ....

5. ....

6. ....

7. ....

8. ....

9. ....

10. ....

Leçon Huit   Théâtre

(A)   1   Junior year abroad

The following American students are spending their junior year abroad. Say where they are going and where they will study.

> Paul (à Paris; à la Sorbonne)   *Paul va à Paris. Il va étudier à la Sorbonne.*

1. Linda (à Paris; au Conservatoire) ....

....

2. Nous (à Québec; à Laval) ....

....

3. Vous (à Montréal; à McGill) ....

....

4. Tu (à Berlin; à l'Université Libre) ....

....

5. Je (à Hanovre; à l'école de médecine) ....

....

6. Georges et Robert (à Lausanne; à l'école polytechnique) ....

....

(A)   2   Le verbe exact

Complete the following exercises with the appropriate forms of **être**, **avoir**, and **aller**.

1. Nous .... étudiants. Nous .... rendez-vous avec des amies.

   Nous .... danser dans une discothèque.

2. Jacques .... une raquette de tennis. Il .... souvent jouer au tennis.

   Il .... très athlétique.

3. Pierre et Sylvie .... français. En septembre, ils .... visiter Québec.

   Ils .... des cousins là-bas.

4. Vous .... parisiens, n'est-ce pas? .... -vous une voiture?

   .... -vous souvent en Normandie?

(A)   3   *Week-end*

Say whether you are going to do the following things this weekend.

> étudier   *Je vais (Je ne vais pas) étudier.*

1. travailler ....

2. jouer au tennis ....

3. aller en ville ....

4. danser ....

(B)   4   *En ville*

Say whether or not you and your friends often go to the following places.

> le cinéma   *Nous allons (Nous n'allons pas) souvent au cinéma.*

1. le théâtre ....

2. la banque ....

3. le supermarché ....

4. les concerts ....

5. la plage ....

(B)   5   *Impressions de France*

Imagine that a friend has spent a year in Paris. Ask his or her opinions on the following subjects.

> le théâtre en France   *Qu'est-ce que tu penses du théâtre en France?*

1. les étudiants français ....

2. la politique française ....

3. les Parisiens ....

4. l'hospitalité française ....

5. le musée du Louvre ....

6. le théâtre moderne ....

Leçon Neuf   Projets en l'air

(A)   1   Préparatifs de départ

You are leaving for a camping trip with friends. Since you are in charge of the arrangements, you are telling the others what to do. Use the imperative forms of the verbs in parentheses.

1. Non, Isabelle, ne (rester) .... pas

à la maison. (Aller) .... au supermarché.

(Acheter) .... des oranges.

2. Non, Paul, ne (regarder) .... pas

la télévision. (Préparer) .... la voiture!

3. Non, Jacques et Paul, ne (jouer) ....

pas au poker! (Aller) .... à la pharmacie.

(Acheter) .... de l'aspirine.

(B)   2   D'accord   (All right)

Hélène has a date with Pierre. She tells him what she wants and what she doesn't want to do. Pierre agrees to everything. Complete his reply.

Hélène: "Je ne veux pas rester à la maison. Je voudrais aller en ville. Je voudrais dîner au restaurant. Ensuite je ne veux pas aller au cinéma. Je voudrais rentrer. Je voudrais inviter des amis. Je ne veux pas danser. Je veux écouter des disques."

Pierre: D'accord! Ne restons pas à la maison. ....

....

....

....

....

(C)   3   Au choix   (Your choice)

Imagine that you are working in a French department store. You give your customers a choice of different items. Complete the questions.

> Quelle caméra voulez-vous?   *Cette caméra-ci ou cette caméra-là?*

1. Quel transistor voulez-vous? ....

2. Quel électrophone voulez-vous? ....

3. Quelle guitare voulez-vous? ....

4. Quels disques voulez-vous? ....

5. Quelles cassettes voulez-vous? ....

You are with a friend at an international party at the Alliance Française. She asks you who certain people are, and you tell her. Complete the dialogue according to the model.

> —Qui est *ce* garçon?
> —*Quel* garçon?
> —*Ce* garçon qui danse.
> —C'est un ami de Pierre.

1. —Qui est .... fille?

   — .... fille?

   — .... fille-là, près du piano.
   —C'est Françoise Lebrun.

2. —Qui est .... Anglais?

   — .... Anglais?

   — .... Anglais-ci!
   —Il s'appelle Jim Roberts.

3. —Qui sont .... étudiants?

   — .... étudiants?

   — .... étudiants qui parlent à Paul.
   —Ce sont des étudiants italiens.

4. —Qui sont .... jeunes filles?

   — .... jeunes filles?

   — .... jeunes filles là-bas.
   —Ce sont des Allemandes.

(D) 5 *Etes-vous bon (bonne) en géographie?*

Locate these twelve countries by continent: **Allemagne, Algérie, Canada, Chine, Corée, Etats-Unis, France, Japon, Luxembourg, Mali, Sénégal, Venezuela.** Do not forget the definite articles.

1. .... sont des pays d'Asie.

2. .... sont des pays d'Afrique.

3. .... sont des pays d'Amérique.

4. .... sont des pays d'Europe.

QUATRIEME UNITE

Leçon Dix   Question de convention

(A)   1   Philippe est à l'hôpital

Everyone is sending something to Philippe, who is sick in the hospital. Complete the following sentences with the appropriate forms of **envoyer.**

1. Juliette .... un livre.

2. Marc et Michel .... des disques.

3. Nous .... une lettre.

4. Vous .... un télégramme.

5. J' .... un magazine.

6. Tu .... des revues.

(D)   2   Comparaisons

The following students are comparing the prices they paid for their books this year. Complete the numbers.

> Paul ($70)   *soixante*-dix dollars

1. Linda ($76)   soixante-.................................... dollars

2. Robert ($78)   ....-dix-.................................... dollars

3. Christine ($80)   quatre-.................................... dollars

4. Roger ($84)   ....-vingt-.................................... dollars

5. Albert ($90)   ....................................-....................................-.................................... dollars

(B)   3   Réciprocité

Say that the following actions are reciprocal. Follow the model.

> Il a rendez-vous avec moi.   *J'ai rendez-vous avec lui.*

1. Je dîne avec eux. ....

2. Tu danses avec elle. ....

3. Vous travaillez pour lui. ....

4. Ils étudient avec nous. ....

5. Elles rentrent sans vous. ....

6. Ils habitent avec lui. ....

(B) 4 Invitations

Michèle and Brigitte are organizing a party. Michèle suggests people to invite, and Brigitte gives her opinion. Complete the following dialogue with the appropriate stress pronouns.

> J'invite Paul? *Lui?* D'accord!

MICHELE	BRIGITTE
1. J'invite Hélène?	.... ? Non.
2. Et Henri?	.... ? Oui.
3. Et Albert et François?	Non, pas ....
4. Et Annie et Sylvie?	.... ? Oui, d'accord.

(B) 5 Surprise

Bernard talks to Pierre about his friends. Pierre seems surprised. Write what Pierre says, using pronouns to replace the names of the people Bernard mentions.

> Jacques est avec Sylvie. Vraiment? *Il est avec elle?*

BERNARD	PIERRE
1. Brigitte est avec Paul.	Vraiment? ....
2. Robert dîne avec Hélène et Anne.	Vraiment? ....
3. Paul va au cinéma avec Isabelle.	Vraiment? ....
4. François travaille pour Monsieur Moreau.	Vraiment? ....
5. Nicole a rendez-vous avec moi.	Vraiment? ....
6. Le professeur parle souvent de Jacques et d'Henri.	Vraiment? ....

(B,C) 6 Visites

It's Sunday, and many people are visiting their friends. Say that the following people are not at home, and that they are visiting the people named in parentheses.

> Pierre (Sylvie)   *Il n'est pas chez lui. Il est chez Sylvie.*

1. Nous (un ami) ....

2. Vous (Paul) ....

3. Tu (Robert) ....

4. Henri (Martine) ....

5. Nicole (un cousin) ....

6. Jacques et André (une amie) ....

7. Michèle et Brigitte (des cousines) ....

8. Je (des amis) ....

Leçon Onze   Le rêve et la réalité

(A)   1   Le coût du logement

The following students tell how much they pay each month for their rooms. Complete their sentences by writing the amounts in words.

1. Jacques (200 F)   Je paie .... francs.

2. Irène (150 F)   Je paie .... francs.

3. François (170 F)   Je paie .... francs.

4. Alain et Eric (320 F)   Nous payons .... francs.

5. Anne et Lili (530 F)   Nous payons .... francs.

(B)   2   Emprunts   (Loans)

The following people are using things that they have borrowed. Say who owns these things by completing the following sentences.

> Paul a une voiture.   Cette voiture *n'est pas à lui. Elle est à Henri.*

1. Michèle a une caméra. Cette caméra .... Robert.

2. Henri et Marc ont une radio. Cette radio .... Pierre.

3. Sylvie et Marie ont une télé. Cette télé .... Julien.

4. J'ai des livres. Ces livres .... Brigitte.

5. Nous avons un électrophone. Cet électrophone .... Françoise.

6. Tu as une guitare. Cette guitare .... Nathalie.

(C)   3   Le sportif et le musicien

Charles and Robert are roommates. Charles likes sports and Robert likes music. The following objects are in their room. Say what belongs to whom.

> les skis   *Ce sont les skis de Charles.*

1. la raquette ....

2. le banjo ....

3. le ballon de rugby ....

4. les disques ....

5. les balles de golf ....

6. la guitare ....

(D) 4 Achats (Purchases)

The following people have certain hobbies or pastimes. Say that they buy objects that correspond to their interests.

> Robert aime la musique classique. *Il achète* des disques *de musique classique.*

1. Nathalie aime la danse. .... des disques ....

2. Marc aime le jazz. .... des disques ....

3. Suzanne aime l'histoire. .... une revue ....

4. Philippe aime le tennis. .... une raquette ....

5. Paul aime le golf. .... des clubs ....

6. Françoise aime les photos. .... un album ....

7. Martine aime la cuisine. .... des livres ....

8. Sylvie aime l'art moderne. .... des magazines ....

5 Architecture

Imagine that you are designing your own home. Draw the floor plans of the house, and label each room with a noun from the **Mots utiles** on page 96.

REZ-DE-CHAUSSEE   PREMIER ETAGE

Leçon Douze   Budget d'étudiant

(A)   1   Economies

Tell who saves money and who does not. Use the expression **faire des économies** (*to save money*).

> Marie dépense beaucoup.   *Elle ne fait pas d'économies.*

1. Je dépense beaucoup. ....

2. Nous ne dépensons pas beaucoup. ....

3. Vous dépensez beaucoup. ....

4. Tu ne dépenses pas beaucoup. ....

5. Marc ne dépense pas beaucoup. ....

6. Michèle et Christine ne dépensent pas beaucoup. ....

(B)   2   Budget

Interview two of your friends, a girl and a boy. Ask them how much they spend on each of the following items.
Report your findings below. Complete the first blank in each sentence with the appropriate possessive adjective
(**son**, **sa**, or **ses**).

VOTRE AMIE

Voici le budget de .... :

Pour .... scolarité, elle dépense ....

Pour .... logement, elle dépense ....

Pour .... nourriture, elle dépense ....

Pour .... vêtements, elle dépense ....

Pour .... transports, elle dépense ....

.... budget total est ....

VOTRE AMI

Voici le budget de .... :

Pour .... scolarité, il dépense ....

Pour .... logement, il dépense ....

Pour .... nourriture, il dépense ....

Pour .... vêtements, il dépense ....

Pour .... transports, il dépense ....

.... budget total est ....

(B)   3   Préférences

Express your personal preferences by completing the following sentences. (Note: **préféré** = *favorite*.)

> *Mon* poète préféré est *T. S. Eliot.*

1. .... disque préféré est ....

2. .... revue préférée est ....

3. .... orchestre préféré est ....

4. .... chanteur préféré est ....

5. .... chanteuse préférée est ....

6. .... acteur préféré est ....

7. .... actrice préférée est ....

8. .... classes préférées sont ....

9. .... meilleurs (*best*) amis sont ....

10. .... meilleures amies sont ....

(B) 4   *A l'aéroport*

The following students are going to spend a year in France. They have come to the airport with friends and family. Complete the sentences with the appropriate possessive adjectives.

> J'arrive avec *ma* sœur et *mon* ami Paul.

1. Linda arrive avec .... frère et .... ami Charles.

2. Suzanne arrive avec .... père, ... ami Georges et .... amie Lili.

3. Paul arrive avec .... oncle et .... tante.

4. Robert arrive avec .... cousins et .... cousines.

5. Sylvia et Barbara arrivent avec .... parents et .... frère.

6. Henry et Roger arrivent avec .... amies et .... sœur.

7. Tu arrives avec .... ami Marc et .... parents.

8. Nous arrivons avec .... amis et .... professeur de français.

9. Vous arrivez avec .... amies et .... cousine Donna.

CINQUIEME UNITE

Leçon Treize   La grève de la faim

(A)   1   *Les Quatre Saisons*

Describe the weather in the following cities.

	A CHICAGO	A SAN FRANCISCO	~~A MIAMI~~
1. en octobre	il fait mauvais	il pleut	
2. en décembre	il neige	il fait froid	
3. en avril	il pleut	il fait bon	
4. en juillet	il fait beau	il fait beau	

(B)   2   *A l'école des langues orientales*

The **Ecole des langues orientales** is a school in Paris where Eastern languages are taught. Say which languages the following students are learning by completing the sentences with the appropriate forms of **apprendre.** — to learn

1. Philippe apprend le japonais.
2. Irène apprend le viet-namien.
3. François et René apprennent le coréen.
4. Michèle et Sylvie apprennent le persan.
5. Nous apprenons le bengali.
6. Vous apprenez le chinois.
7. J' apprends l'urdu.
8. Tu apprends l'hébreu.

(C)   3   *Dîner intime*

Imagine that you and your roommate are organizing a dinner for a few friends. You will do the cooking and your roommate will do the shopping. You have prepared the following shopping list. Tell your roommate to buy each item. (The feminine nouns are indicated by an asterisk.)

La liste: pain, mayonnaise*, moutarde*, vinaigre, salade*, glace*, camembert, roquefort, jambon, eau minérale*, margarine*, limonade*

Achète du pain, de la mayonnaise, de la moutarde, du vinaigre, de la salade, de la glace, du camembert, du roquefort, du jambon, de l'eau minérale, de la margarine, de la limonade

(C) **4**   *Au régime (On a diet)*

Christine is on a diet and cannot eat meat. Say what she is and isn't going to order from the following menu.

> le jambon   *Elle ne va pas prendre de jambon.*

1. le melon   *Elle va prendre du melon.*

2. le saucisson   *Elle ne va pas prendre de saucisson.*

3. le porc   *Elle ne vas pas prendre de porc.*

4. la salade   *Elle va prendre de la salade.*

5. le rôti   *Elle ne va pas prendre de rôti.*

6. le fromage   *Elle va prendre du fromage.*

(D) **5**   *L'interview*

Several students have signed up for an interview with the representative of Air France. Say in what order they will be interviewed.

> Monique (3e)   *Monique est la troisième.*

1. Jacques (1er)   *Jacques est le premier.*

2. Sylvie (2e)   *Sylvie est la deuxième.*

3. Henri (7e)   *Henri est le septième.*

4. Brigitte (8e)   *Brigitte est la huitième.*

5. Paul (10e)   *Paul est le dixième.*

6. Suzanne (12e)   *Suzanne est la douzième.*

7. Hélène (15e)   *Hélène est la ~~quinzième~~ quinzième.*

8. Marylène (20e)   *Marylène est la vingtième.*

9. Roger (21e)   *Roger est le vingt-et-unième.*

10. Marc (22e)   *Marc est le vingt-deuxième.*

30

NOM *Jane Fortier*   DATE *Jan 23, 81*

Leçon Quatorze   Le test du gourmet

(A)   1   *A la surprise-partie*

Complete the following dialogue, overheard at a party, with the appropriate forms of the verb **boire**.

—*Buvez*-vous de la bière?

—Non, merci, je ne *bois* pas de bière.

Je vais *boire* du vin.

—Et vos amies?

—Annie *boit* du café et Thérèse

et Françoise *boivent* de la limonade.

—Eh, Henri, tu exagères! Nous aussi,

nous *buvons* du vin.

(B)   2   *A la carte*

On the menu there are choices between different items. Say what you prefer and what you will have. (If you are uncertain of gender, check the **Mots utiles** on page 118 of the textbook.)

> *Je préfère le melon. Je vais prendre du melon.*

1. *Je préfère le melon.*
Je vais prendre du melon.

2. *Je préfère la sole.*
Je vais prendre de la sole.

3. *Je préfère le rôti.*
Je vais prendre du rôti.

4. *Je préfère la salade.*
Je vais prendre de la salade.

5. *Je préfère la glace.*
Je vais prendre de la glace.

MENU

Saucisson ou Melon

Sole ou Thon

Poulet ou Rôti

Salade ou Fromage

Glace ou Gâteau

Thé ou Café

(B) 3 Au Relais

Imagine that you are having dinner at the French restaurant Le Relais. Select your menu from the dishes suggested.

Le Relais

Entrées: Salade de tomates
Saucisson de campagne
Céleri
Melon
Soupe à l'oignon

Viandes: Rosbif
Rôti de porc
Poulet
Jambon de Paris

Légumes: Pommes frites
Petits pois
Asperges
Haricots verts

Fromages: Camembert   Roquefort   Brie

Desserts: Glace   Fruits

Vins: Bordeaux rouge   Bordeaux blanc   Alsace

1. Comme entrée, je voudrais ... *de la soupe à l'oignon.*

2. Comme viande, je voudrais ... *du rôti de porc.*

3. Comme légume, je voudrais ... *des haricots verts*

4. Comme fromage, je voudrais ... *du Camembert*

5. Comme dessert, je voudrais ... *des fruits*

6. Comme vin, je voudrais ... *du Bordeaux rouge*

(C) 4 L'assistant(e)

Imagine that you are the assistant to the foreign student adviser. It is your job to determine which sports the foreign students are interested in. Today you are interviewing Christine, an exchange student from Belgium. Complete the dialogue.

> (le ski) *Fais-tu du ski?   Oui, je fais du ski.*

VOUS   CHRISTINE

1. (le ski nautique) *Fais-tu du ski nautique*   Oui, *je fais du ski nautique*

2. (le basket-ball) *Fais-tu du basket-ball*   Oui, *je fais du basketball*

3. (le tennis) *Fais-tu du tennis*   Non, *je ne fais pas de tennis.*

4. (la danse moderne) *Fais-tu de la danse moderne*   Oui, *je fais de la danse moderne.*

5. (la danse classique) *Fais-tu de la danse classique*   Non, *je ne fais pas de danse classique*

6. (le judo) *Fais-tu du judo*   Non, *je ne fais pas de judo.*

32

Leçon Quinze　　Etes-vous bon vivant?

(A) ① *Les sportifs*

The students below belong to the university teams. Say that they like their sports a great deal and that they practice a lot.

> Michèle (le ski)　*Michèle aime beaucoup le ski. Elle fait beaucoup de ski.*

1. Paul (le basket-ball) *Paul aime beaucoup le basket-ball. Il fait beaucoup de basketball*

2. Sylvie (la gymnastique) *Sylvie aime beaucoup la gymnastique. Elle fait beaucoup de gymnastique*

3. Monique et Chantal (le tennis) *Monique et Chantal aiment le tennis. Elles font beaucoup de tennis*

4. Robert et Jacques (l'escrime) *(fencing) Robert et Jacques aiment* ~~beau-coup~~ *l'escrime. Ils font beaucoup d'escrime.*

(A) ② *Votre université*

Are there many of the following at your university? Use an expression of quantity from the **Mots utiles** on page 133 of the textbook.

> des étudiants　*Il y a beaucoup d'étudiants.*

1. des étudiants *Il n'y a pas ~~beaucoup~~ d'étudiantes*

2. des étudiants étrangers *(foreign) Il y a beaucoup d'étudiants étrangers*

3. des examens *Il n'y a pas beaucoup d'examens.*

4. des voitures　Sur le campus, *il y a trop de voitures*

5. des surprise-parties *Il y a peu de surprise-parties.*

6. de la politique *Il y a assez de politique*

(A) ③ *Obésité*

Dr. Vergne is not happy about his patient Mr. Moreau, who has a serious weight problem. Complete Dr. Vergne's remarks by filling in the blanks with **assez, assez de, trop,** or **trop de.**

"Vous mangez *trop* et vous buvez *trop*. Vous mangez *trop de* viande, *trop de* glace, *trop de* dessert, mais vous ne mangez pas *assez de* légumes. Vous allez *trop* souvent au café. Vous buvez *trop de* vin et *trop de* bière. Vous n'êtes pas *assez* dynamique et vous êtes *trop* passif. Vous regardez *trop* la télévision. Vous ne faites pas *assez d'*exercice et pas *assez de* sport!"

(B) 4 L'équipement nécessaire

Write five sentences indicating which equipment on the right is needed for each of the activities on the left.

A		B	
des photos	du ski	des skis	une caméra
un film	du ping-pong	une raquette	du fromage
une fondue	du base-ball	un appareil-photo	une batte

> *Pour faire des photos, il faut un appareil-photo.*

1. ....

2. ....

3. ....

4. ....

5. ....

(B) 5 Opinions personnelles

Which of the conditions in the right-hand column are (or are not) necessary to achieve the aims expressed in the left-hand column? Express your own feelings about any six of the goals in column A.

A		B	
être heureux	voyager	être intelligent	aimer l'existence
être en forme	être riche	avoir de l'argent	être consciencieux
avoir des amis	faire du théâtre	travailler	faire du sport
avoir un bon job	avoir une profession	être sympathique	avoir un passeport
être professeur	intéressante	avoir du talent	avoir une voiture

> *Pour être heureux, il ne faut pas nécessairement avoir de l'argent.*

1. ....

2. ....

3. ....

4. ....

5. ....

6. ....

Leçon Seize   Départ

(A) **1   Dates de naissance (Birthdates)**

Give the birthdates of the following people.

1. Je suis né(e) *le 25 mars 1962*

2. Mon père est né *le 25 août 1929*

3. Ma mère est née *le 22 Janvier 1932*

4. Mon meilleur ami est né *le 29 Septembre 1962*

5. Ma meilleure amie est née *le 26 Janvier 1960*

(B) **2   Départs**

The following people are going to spend time this summer in Dakar, Senegal. Say when each one is leaving by filling in the blanks with the appropriate forms of **partir**.

1. Sylvie *part* jeudi.

2. Marc *part* samedi.

3. Nous *partons* le 3 juin.

4. Je *pars* demain.

5. Mes cousines *partent* le 10 juillet.

6. Robert et Alain *partent* le 4 août.

7. Tu *pars* le 4 juin.

8. Vous *partez* dans une semaine.

(C) **3   Portraits**

Complete these portraits by filling in the blanks with the appropriate forms of **être** and **avoir**.

1. Jacqueline *a* vingt ans. Elle *est* suisse. Elle *est* sérieuse et elle *a* beaucoup de patience. Elle *est* guide pour une agence de voyages. En ce moment, elle *est* à Paris avec un groupe de touristes. Cet été, elle *a* l'intention d'aller aux Etats-Unis. Elle *a* de la chance!

2. Paul *a* dix-neuf ans. Il *est* français. Il *est* étudiant à Paris. Il *est* intelligent, mais il n' *est* pas très sérieux et il n' *a* pas beaucoup de courage. Il *a* un examen demain, mais il n' *a* pas envie d'étudier. Il préfère aller au cinéma avec son amie Renée. Il *a* rendez-vous avec elle. Est-ce qu'il *est* tort?

jamais
rien

(C,D) 4 *Auto-critiques*

The following people are criticizing themselves or others. Describe these criticisms in **negative** sentences, using **être** (in the first sentence) and **avoir** (in the second).

1. Paul *n'est pas* intelligent. *Il n'a pas* d'idées.

2. Sylvie et Linda *ne sont pas* riches. *Elles n'ont jamais* d'argent.

3. Vous *n'êtes pas* patients. *Vous n'avez* *pas un/de* bon caractère.

4. Je *ne suis pas* dynamique. *Je n'ai pas* de courage.

5. Nous *ne sommes pas* ambitieux. *Nous n'avons jamais* de projets.

6. Tu *n'es pas* élégante. *Tu n'as pas* de goût (*taste*).
rien

(E) 5 *Avec qui?*

Jacqueline tells what her friends are doing. Pierre wants to know with whom. Write out Pierre's questions.

> François voyage.   Avec qui *voyage-t-il?*

JACQUELINE

1. Sylvie est au Canada.

2. Claude et Charles sont au Mexique.

3. Henri a rendez-vous.   *rend*

4. Marc joue au tennis.

5. Irène danse.

6. Isabelle et Monique étudient.

PIERRE

Avec qui ~~voyage~~ *est* *-t-elle?*

Avec qui ~~voyage~~ *sont* *-t-il?*

Avec qui ~~voyage~~ *g* *-t-il? rendez-vous*

Avec qui *joue-t-il?*

Avec qui *danse-t-elle?*

Avec qui *étudient-t-elles?*

6 *Commentaires personnels*

Describe yourself by completing the following sentences.

1. J'ai *dix-huit* ans.

2. Mon anniversaire a lieu le *25 mars*

3. Plus tard, j'ai l'intention de *étudier ~~en~~ a l'allemagne*
   et je n'ai pas l'intention de ~~~~ *quitter l'université*

4. J'ai aussi envie de ~~beaucoup de~~ *voyager.*
   mais je n'ai pas envie de *travailler toujours.*

5. Avec mes amis, j'ai l'habitude de *j'aller ~~beaucoup~~ au cinéma.*
   souvent

36

Leçon Dix-sept   Une semaine à Paris

(A)   *1*   *Les vacances sont finies*

Summer vacation is over, and the following students tell where they were and how much time they spent there. Complete the sentences with the **passé composé** of **être** and **passer** (*to spend time*).

> Nous *avons été* en Espagne où *nous avons passé* un mois.

1. Robert *a ~~passé~~ été* à Paris où *il a passé* le mois d'août.

2. Michèle et Linda *ont été* à Rome où *elles ont passé* trois semaines.

3. Nous *avons été* à Amsterdam où *nous avons passé* quinze jours.

4. Vous *avez été* à Nice où *vous avez passé* vingt jours.

5. J' *ai été* à Tours où *j'ai passé* deux mois.

6. Tu *as été* à Orléans où *tu as passé* le mois de juillet.

(A)   *2*   *Avant et après*

Linda spent her junior year in France. Before leaving, she drew up a list of things she wanted to do there, listed under **avant**. Under **après**, say that she fulfilled all her wishes.

> Elle veut parler français.   *Elle a parlé français.*

AVANT

1. Elle veut étudier à la Sorbonne.

2. Elle veut habiter à la Cité Universitaire.

3. Elle veut passer un mois dans les Alpes.

4. Elle veut faire du ski.

5. Elle veut visiter la Provence.

6. Elle veut prendre des photos.

7. Elle veut discuter avec des Français.

8. Elle veut améliorer son accent.

APRES

Elle a étudié à la Sorbonne.

Elle a habité à la Cité Universitaire.

Elle a passé un mois dans les Alpes.

Elle a fait du ski.

Elle a visité la Provence.

Elle a pris des photos.

Elle a discuté avec de français.

Elle a amélioré son accent.

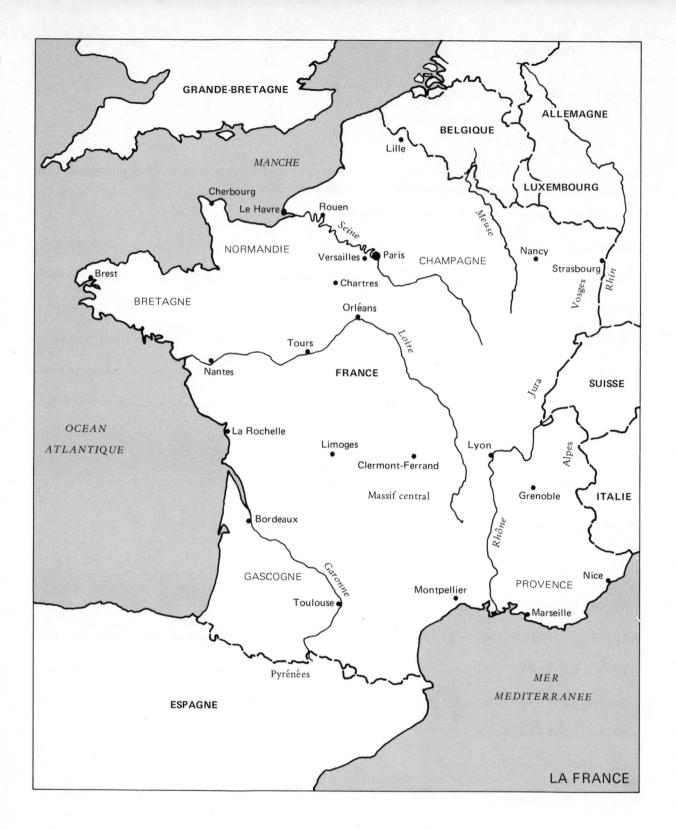

GRANDE-BRETAGNE

MANCHE

BELGIQUE

ALLEMAGNE

LUXEMBOURG

Lille

Cherbourg

Le Havre

Rouen

Seine

Meuse

NORMANDIE

Versailles

Paris

CHAMPAGNE

Nancy

Strasbourg

Brest

Chartres

Vosges

Rhin

BRETAGNE

Orléans

Loire

Nantes

Tours

FRANCE

Jura

SUISSE

OCEAN
ATLANTIQUE

La Rochelle

Limoges

Clermont-Ferrand

Lyon

Alpes

Massif central

Grenoble

ITALIE

Bordeaux

Rhône

Nice

GASCOGNE

Garonne

PROVENCE

Toulouse

Montpellier

Marseille

Pyrénées

MER
MEDITERRANEE

ESPAGNE

LA FRANCE

(B) 3 *On ne peut pas tout faire* *(One can't do everything)*

While in France on a summer vacation, the following American students did a lot of things, but they failed to do other things they had planned. Say what they didn't do, according to the model.

> Paul a visité Paris, mais *il n'a pas visité* Marseille.

1. Linda et Christine ont visité le Louvre, mais *Elles n'ont pas visité* la Tour Eiffel.

2. Charles a été à Versailles, mais *Il n'a pas été* à Chartres.

3. Sally a voyagé en Provence, mais *elle n'a pas voyagé* en Normandie.

4. Tu as été à Lyon, mais *tu n'as pas été* à Bordeaux.

5. J'ai pris des photos de Nice, mais *je n'ai pas pris* de photos de Rouen.

6. Nous avons bu du vin rouge, mais *nous n'avons pas bu* de champagne.

7. Vous avez mangé du foie gras, mais *vous n'avez pas mangé* d'escargots *(snails)*.

8. Jacqueline a acheté une robe, mais *elle n'a pas acheté* de pantalon.

(B) 4 *Pourquoi Philippe a-t-il été au café?*

Philippe is reluctant to tell Christine why he went to the café. Complete the dialogue according to the model.

> Qu'est-ce que tu as pris? *Je n'ai rien pris.*

CHRISTINE | PHILIPPE

1. Qu'est-ce que tu as mangé? ....

2. Qu'est-ce que tu as bu? ....

3. Mais, alors, qu'est-ce que tu as commandé? ....

4. Qu'est-ce que tu as fait alors? ...., mais j'ai rencontré une charmante Américaine!

(C) 5 *Impressions*

The following people have spent a few days in Paris. You would like to know what their impressions were. Ask the appropriate questions using the verb **trouver**.

> Jacques *Comment a-t-il trouvé* la ville?

1. Hélène .... les musées?

2. Pierre .... l'atmosphère?

3. Paul et Marc .... le Quartier Latin?

4. Sylvie et Brigitte ....les gens?

5. Vous ....les magasins?

6. Toi ....la cuisine?

6 Commentaires personnels

Describe your last weekend, using the **passé composé** of the following verbs in affirmative or negative sentences.

1. travailler ....

2. étudier ....

3. inviter ....

4. regarder ....

5. dîner ....

6. visiter ....

Leçon Dix-huit · Retour de France

(C) ① *Allers et retours*

The people below are going certain places. Say when they are coming back by completing the sentences with the appropriate forms of the present tense of **revenir**.

1. Paul va au cinéma. Il *revient* à trois heures.

2. Christine et Michèle vont au marché. Elles *reviennent* dans une heure.

3. Nous allons à l'université. Nous *revenons* à midi.

4. Vous allez à la pharmacie. Vous *revenez* dans dix minutes.

5. Je vais à la piscine. Je *reviens* à cinq heures.

6. Tu vas à Paris. Tu *reviens* dans quinze jours.

(C,D) ② *L'amitié*

The following people are happy because they have just talked with friends. Express this by completing the sentences with the appropriate forms of **venir de**. = recent past = just -ed something

1. Jacques *vient de* téléphoner à Michel.

2. Linda *vient de* rencontrer un ami.

3. Georges et Pierre *viennent d'* aller au cinéma avec Sylvie et Sophie.

4. Nous *venons de* parler à nos amis.

5. Tu *viens de* faire la connaissance d'une jeune Française.

6. Vous *venez de* sortir avec votre meilleur ami.

(A) ③ *Logement*

The following French students have spent a week in New York. Say where each one stayed by completing the sentences with the **passé composé** of **rester**.

1. Je *suis restée* à l'hôtel.

2. Pierre et Henri *sont restés* chez un oncle.

3. Tu *es resté* à l'université de Columbia.

4. Jacques et moi, nous *sommes restés* au YMCA.

5. Vous *êtes resté* chez des amis.

6. Marc *est resté* dans un motel.

(A) ④ Mensonges (Lies)

Pierre asks his friends where they went, but they do not want him to know. Complete the following dialogues, and the subsequent explanations, with the **passé composé** of **aller** and **sortir**. (Note: **il dit** = *he says;* **ils disent** = *they say.*)

> —Où *es-tu allée*, Hélène?
> —Je *suis allée* au théâtre.
> Hélène dit qu'*elle est allée* au théâtre.
> En réalité, elle *est sortie* avec Marc.

1. —Où __es-tu allé__ , Mathieu?

—Je __suis allé__ à l'université.

Mathieu dit qu' __il est allé__ à l'université.

En réalité, il __est ~~sorti~~ sorti__ avec Monique.

2. —Où __~~êtes-vous allés~~ êtes-vous allés__ , Philippe et Jacques?

—Nous __sommes allés__ au stade.

Philippe et Jacques disent qu' __ils sont allés__ au stade.

En réalité, ils __sont sortis__ avec des amies.

3. —Où __êtes-vous allées__ , Monique et Suzanne?

—Nous __sommes allées__ à la bibliothèque.

Monique et Suzanne disent qu' __elles sont allées__ à la bibliothèque.

En réalité, elles __sont ~~sorties~~ sorties__ avec Paul et André.

(A) ⑤ Interview

Imagine that you have interviewed a young Frenchman who spent two weeks in the United States. Complete the interview with the appropriate forms of **être** or **avoir**.

—Quand __es__ -tu arrivé?

—Je __suis__ parti de Paris le 10 juillet au matin, et je __suis__ arrivé à New York le 10 juillet dans l'après-midi.

—Tu __es__ resté à New York?

—Je __suis__ resté trois jours à New York. Après, je __suis__ descendu en Floride.

—Comment __es__ -tu voyagé? __as__ -tu pris le train?

—Non, j' __ai__ fait de l'auto-stop (*hitchhiking*).

—Tu __as__ visité Miami?

42

—Bien sûr!

—Combien de temps .... *es* ....-tu resté là-bas?

—Une semaine. Puis, je .... *suis* ....rentré avec un garçon que j' ..... *ai* ....rencontré en route.

—Tu .... *as* ....passé de bonnes vacances?

—Oui, excellentes!

6 La vérité *(The truth)*

Vincent spent a year in Grenoble, presumably to learn French, but he admits to his friend Christine that he did other things besides studying. Complete the following dialogue. Use the adverb **souvent**.

> Tu es allé à l'université? *Non, je ne suis pas souvent allé à l'université.*

CHRISTINE	VINCENT
1. Tu es allé au café?	Oui, *Je suis souvent allé au café.*
2. Tu as travaillé?	Non, *Je n'ai pas souvent travaillé.*
3. Tu as fait du ski?	Oui, *J'ai souvent fait du ski.*
4. Tu as étudié?	Non, *Je n'ai pas souvent étudié.*
5. Tu es sorti?	Oui, *Je suis souvent sorti.*
6. Tu as parlé français?	Non, *Je n'ai pas souvent parlé français.*

(B) 7 La belle vie *(The good life)*

Hélène writes to Marc about her current stay in France. Marc, who spent some time there a year ago, replies that he did the same things.

> Je sors beaucoup. *Moi aussi, je suis beaucoup sorti.*

HELENE	MARC
1. J'étudie peu.	*Moi aussi, j'ai peu étudié.*
2. Je travaille souvent.	*Moi aussi, j'ai souvent travaillé.*
3. Je vais souvent au cinéma.	*Moi aussi, je suis souvent allé au cinéma.*
4. Je vais souvent à la piscine.	*Moi aussi, je suis souvent allé à la piscine.*
5. Je mange trop.	*Moi aussi, j'ai trop mangé.*
6. Je dépense beaucoup.	*Moi aussi, j'ai beaucoup dépensé.*
7. J'économise très peu.	*Moi aussi, j'ai très peu économisé.*
8. Je voyage très souvent.	*Moi aussi, j'ai suis très souvent voyagé.*

8   *Commentaires personnels*

Describe a trip you have taken. You may use the following verbs in the passé composé: **aller, arriver, partir, sortir, rester, rentrer, visiter, acheter, rencontrer, faire.**

....

....

....

....

....

....

....

....

Leçon Dix-neuf   La course aux diplômes

(B)   1   *Causes et conséquences*

On réussit parce qu'on étudie. On ne réussit pas parce qu'on n'étudie pas. Appliquez ce principe aux élèves suivants.

> Paul (non)   *Il ne réussit pas parce qu'il n'étudie pas.*

1. Elisabeth (oui) *Elle réussit parce qu'elle étudie.*

2. Michèle et Denise (oui) *Elles réussissent parce qu'elles n'étudient pas*

3. Nous (non) *Nous ne réussissons pas parce que nous n'étudions pas*

4. Vous (non) *Vous ne reussissez pas parce que vous n'etudiez pas*

5. Moi (oui) *Je réussit parce que j'étudie*

6. Toi (non) *Tu ne réussis pas parce que tu n'étudis pas.*

(C)   2   *Est-ce que les examens sont utiles?*

Le professeur a posé cette question aux élèves. Chacun a une réponse différente. Exprimez ces opinions en complétant les phrases avec le présent de **répondre**.

1. Charles *répond* "oui".

2. Monique *répond* "non".

3. Nous *répondons* que c'est vrai.

4. Brigitte et Sylvie *répondent* que c'est douteux (*doubtful*).

5. Vous *répondez* que c'est faux.

6. Je *réponds* que ce n'est pas sûr.

7. Tu *réponds* que c'est discutable (*debatable*).

8. Paul et Marc *répondent* que c'est probable.

(B,C)   3   *Réflexions*

Seuls les élèves qui ont réfléchi ont répondu correctement à la question. Exprimez cela d'après le modèle avec des phrases affirmatives ou négatives.

> Marc (non)   *Il n'a pas réfléchi et il n'a pas répondu correctement.*

1. Sylvie (oui) *Elle a réfléchi et elle a répondu correctement.*

2. Moi (non) *Je n'ai pas réfléchi et je n'ai pas répondu "*

3. Vous (oui) *Vous avez réfléchi et vous avez répondu "*

4. Pierre et Suzanne (oui) *Ils ont réfléchi et ils ont répondu correctement*

5. Nous (non) *Nous n'avons pas réfléchi et nous n'avons pas répondu*

6. Toi (oui) *Tu as réfléchi et tu as répondu correctement*

(A) **4** *Samedi soir*

Qu'est-ce qu'on fait le samedi soir? Des étudiants discutent de ce sujet. Complétez leurs dialogues d'après le modèle.

> —*On joue* au bridge ou *on joue* au poker?
> —Jouons au poker.

1. —*On écoute* du jazz ou *on écoute* de la musique pop?
   —Ecoutons du jazz.

2. —*On invite* Sylvie ou *on invite* Brigitte?
   —Invitons Brigitte.

3. —*On va* au cinéma ou *on va* dans une discothèque?
   —Allons dans une discothèque.

(A) **5** *Quand on est étudiant...*

Linda est une étudiante américaine qui passe son "junior year" à Tours. Dans une lettre à un ami, elle fait les observations suivantes sur les étudiants français.

"...Les étudiants français ont des examens très souvent. Aussi, pendant la semaine, ils travaillent beaucoup, même quand ils n'ont pas de cours. Le week-end, par contre, ils ne font rien. Le samedi soir ils vont au cinéma ou dans une discothèque. Le dimanche ils passent la journée au café où ils discutent avec des amis. Le lundi, ils recommencent à étudier..."

Transcrivez ces commentaires, en utilisant le pronom **on**.

"Quand on est étudiant en France, on a des examens très souvent. *Aussi, pendant la semaine, on travaille beaucoup, même quand on n'a pas de cours. Le week-end, par contre, on ne fait rien. Le samedi soir on va au cinéma ou dans une discothèque. Le dimanche on passe la journée au café où on discute avec des amis. Le lundi, on recommence à étudier..."*

⑥ *Petites annonces*

C'est les vacances et les étudiants qui ont besoin d'argent vendent certaines choses. Imaginez que vous voulez vendre une de vos possessions. Préparez une petite annonce dans la case blanche.

VENDS

superbe guitare électrique
très bon état
Prix: 300 francs

téléphoner à Paul Duchemin
512 - 26 - 49

VENDS

Volkswagen 1964

voiture ancienne, mais
moteur impeccable

Prix: 2.000 francs

contacter: Annie Vergne
125 rue de Sèvres, Paris 6e

Good!

Un Vélomoteur Rouge
1971
Il est petit mais
chic et très rapide
Prix: 1.000
Téléphoner à Jeanne Fortier
361-7698

7 Commentaires personnels

Complétez les phrases suivantes en exprimant vos idées personnelles.

1. Quand on est étudiant aux Etats-Unis, *on ne travaille pas beaucoup dans les écoles publiques* (sp?)

2. Quand on a envie d'avoir une profession intéressante, ...

....

3. Quand on rate ses examens, ...

....

4. Quand on a des problèmes avec ses études, ...

....

Leçon Vingt Réussite et échec

(A) 1 *Le départ de Michèle*

Michèle va partir pour l'université. Sa mère l'aide à préparer ses bagages. Complétez le dialogue.

> Où est ma guitare? *La voici!*

MICHELE	LA MERE DE MICHELE
1. Où sont mes livres?	LES VOICI!
2. Où est mon électrophone?	LE VOICI!
3. Où est ma caméra?	LA VOILÀ!
4. Où est mon transistor?	LE VOICI!
5. Où est ma raquette de tennis?	LA VOILÀ!
6. Où sont mes disques?	LES VOICI!

(A) 2 *Les deux candidats*

Sylvie et Philippe sont interviewés pour un job dans une agence de voyages. Ils donnent des réponses opposées à l'interviewer. Transcrivez leurs réponses.

> Aimez-vous le travail? Oui, *je l'aime.* Non, *je ne l'aime pas.*

L'INTERVIEWER	SYLVIE	PHILIPPE
1. Aimez-vous la discipline?	Non, je ne l'aime pas.	Oui, je l'aime.
2. Aimez-vous les voyages?	Oui, je les aime.	Non, je ne les aime pas.
3. Avez-vous le bac?	Oui, je l'ai.	Non, je ne l'ai pas.
4. Avez-vous vos diplômes?	Oui, je les ai.	Non, je ne les ai pas.
5. Comprenez-vous l'anglais?	Non, je ne le comprends pas	Oui, je le comprends

(A) 3 *Votre opinion*

Que pensez-vous des choses suivantes? Exprimez votre opinion en utilisant le verbe **trouver** et un de ces quatre adjectifs: **absurde, idiot, remarquable, intéressant.**

> les examens *Je (ne) les trouve (pas) absurdes.*

1. la violence Je la trouve idiote.

2. les théories révolutionnaires Je les trouve intéressants

3. la politique américaine _Je la trouve intéressante._

4. la politique française _Je ne la trouve pas absurde_

5. le système universitaire _Je ne le trouve pas idiot._

6. les diplômes _Je les trouve remarquables_

7. mon cours de français _Je le trouve intéressant._

8. mes classes _Je ne les trouve pas remarquable._

(C) **4** *L'élève studieux et le cancre (dunce)*

Robert étudie. Paul n'étudie pas. Ecrivez leurs réponses aux questions du professeur.

> Vous avez préparé la leçon?   Robert: *Je l'ai préparée.*
                                                      Paul: *Je ne l'ai pas préparée.*

LE PROFESSEUR

1. Vous avez préparé ce texte?   Robert: _Je l'ai préparé._
                                                        Paul: _Je ne l'ai pas préparé._

2. Vous avez préparé vos examens?   Robert: _Je les ai préparés._
                                                        Paul: _Je ne les ai pas préparés_

3. Vous avez étudié la grammaire?   Robert: _Je l'ai étudiée._
                                                        Paul: _Je ne l'ai pas étudiée._

4. Vous avez étudié les structures irrégulières?   Robert: _Je les ai étudiées._
                                                        Paul: _Je ne les ai pas étudiées_

5. Vous avez fait les exercices?   Robert: _Je les ai faits._
                                                        Paul: _Je ne les ai pas faits._

6. Vous avez fini la leçon?   Robert: _Je l'ai finie._
                                                        Paul: _Je ne l'ai pas finie._

(B) ⑤ *Ce soir*

Avez-vous l'intention de faire les choses suivantes ce soir? Répondez affirmativement ou négativement.

> Allez-vous inviter votre meilleur ami? *Oui, je vais l'inviter. (Non, je ne vais pas l'inviter.)*

1. Allez-vous inviter votre meilleure amie? Oui Je vais l'inviter.

2. Allez-vous acheter le journal ce soir? Non, je ne vais pas l'acheter ce soir.

3. Allez-vous regarder la télévision? Oui, vais la regarder.

4. Allez-vous préparer vos cours? Non, je ne vais pas les préparer

5. Allez-vous écouter vos disques? Oui, je vais les écouter.

6. Allez-vous faire vos exercices de français? Oui, je vais les faire

(C) ⑥ *Achats - purchases*

Martine a une camarade de chambre (*roommate*) qui a beaucoup voyagé. Elle demande à son amie où elle a acheté certaines choses. Complétez les réponses de cette amie.

> Où as-tu acheté ta guitare? *Je l'ai achetée en Espagne.*

MARTINE	L'AMIE	
1. Et ce pull-over?	Je l'ai acheté	en Irlande.
2. Et ton appareil-photo?	Je l'ai acheté	à Londres.
3. Et ta caméra?	Je l'ai achetée	au Japon.
4. Et ces disques?	Je les ai achetés	en France.
5. Et cet électrophone?	Je l'ai acheté	à New York.
6. Et ces beaux pyjamas?	Je les ai achetés	en Italie.
7. Et ces belles photos?	Je les ai achetées	en Allemagne.

KILLINGTON, VERMONT

(7) *Commentaires personnels*

Comment trouvez-vous les personnes suivantes? Exprimez votre opinion en utilisant des pronoms d'objet direct et des adjectifs comme: **ordinaire, remarquable, sympathique, intelligent, idiot, détestable.**

1. votre meilleur ami ..... *Je le trouve sympathique.* .....

2. votre meilleure amie ..... *Je la trouve remarquable.* .....

3. vos parents ..... *Je les trouve intelligents.* .....

4. les professeurs ..... *Je les trouve intelligents.* .....

5. le président de l'université ..... *Je le trouve ordinaire.* .....

6. le président des Etats-Unis ..... *Je le trouve sympathique.* .....

Leçon Vingt et un   **Un contestataire**

(A) (1)   *Vos amis*   *relationships*

Décrivez vos rapports avec vos amis en utilisant les verbes suivants. Terminez vos phrases avec l'expression **mes amis** ou **à mes amis**.

> inviter   *Oui (Non), j'invite (je n'invite pas) souvent mes amis.*

> téléphoner   *Oui (Non), je téléphone (je ne téléphone pas) souvent à mes amis.*

1. écouter   *Oui j'écoute souvent mes amis*

2. aimer   *Oui j'aime mes amis*

3. parler   *Non je ne parle pas souvent à mes amis*

4. rendre visite   *Non je ne rends pas souvent visite à mes amis*

5. demander de l'argent   *Oui je demande souvent de l'argent à mes amis*

6. prêter de l'argent   *Oui je prête souvent de l'argent à mes amis*

(A) (2)   *Pourquoi?*

Brigitte veut savoir pourquoi Paul téléphone à certains amis et pourquoi il ne téléphone pas à d'autres. Transcrivez les questions de Brigitte en utilisant le pronom **lui** ou **leur**.

> Je téléphone souvent à Pierre.   *Tu lui téléphones souvent? Pourquoi?*

PAUL   BRIGITTE

1. Je téléphone souvent à Denise.   *Tu lui téléphones souvent? Pourquoi?*

2. Je téléphone souvent à Sylvie et à Chantal.   *Tu leur téléphones souvent? Pourquoi?*

3. Je ne téléphone jamais à Jean-Claude.   *Tu lui ne téléphone jamais? lui?*

4. Hier j'ai téléphoné à Henri.   *Hier Tu lui as téléphoné? pourquoi*

5. Je n'ai pas téléphoné à Charles.   *Tu ne lui as pas téléphoné? lui?*

6. Je n'ai pas téléphoné à mes cousins.   *Tu ne leur as pas téléphoné? pourquoi?*

(A) (3)   *Bons et mauvais rapports*

Décrivez les rapports entre les personnes suivantes. Pour cela, complétez les phrases avec un pronom d'objet direct (**le, la, les**) ou d'objet indirect (**lui, leur**).

> Voici Paul. Je *le* déteste. Je ne *lui* parle jamais.

1. Voici Sylvie. Paul *l'* aime. Il *lui* téléphone souvent.

2. Voici Brigitte. Marc *l'* invite souvent. Il *la* trouve très intelligente.

3. Voici Michel. Pierre _le_ trouve idiot. Il ne _lui_ parle jamais.

4. Voici Stéphanie. Jean-Claude _la_ trouve sympathique. Il _lui_ prête souvent ses disques.

5. Voici Antoine et Pierre. Je ne _leur_ rends jamais visite. Je _les_ déteste.

6. Voici Nathalie et Monique. Nous _les_ invitons. Nous _leur_ demandons si elles veulent danser.

7. Voici Philippe et François. Je _leur_ téléphone parce que je veux _leur_ poser une question.

8. Voici Henri. Son frère _lui_ ressemble mais il _le_ déteste.

(C) 4 *La réunion politique*

Sylvie et Jacques organisent une réunion pour discuter de politique. Jacques a préparé une liste de personnes. Sylvie choisit les invités. Transcrivez les réponses affirmatives et négatives de Sylvie en utilisant les verbes **inviter** et **téléphoner** à l'impératif.

> J'invite Marc?   Oui, *invite-le! Téléphone-lui!*

JACQUES	SYLVIE
1. J'invite Brigitte?	Oui, invite-la! Téléphone-lui!
2. J'invite Jean-Pierre?	Oui, invite-le! Téléphone-lui!
3. J'invite Anne et Sophie?	Oui, invite-les! Téléphone-leur!
4. J'invite Louis et Eric?	Non, ne les invite pas! Ne leur téléphone pas!
5. J'invite Charles et Gilles?	Non, ne les invite pas! Ne leur téléphone pas!
6. J'invite Stéphanie?	Non, ne l'invite pas! Ne lui téléphone pas!

(B) 5 *Echanges*

Les personnes suivantes font des échanges. Exprimez cela d'après le modèle.

> Je te prête ma moto si *tu me prêtes* ta guitare.

1. Je te prête ma chaîne hi-fi si .... ta voiture.

2. Je vous prête mes disques si .... votre électrophone.

3. Nous te donnons nos raquettes si .... tes skis.

4. Est-ce que vous me donnez vos livres si .... mes magazines?

5. Est-ce que tu me vends ta veste si .... mes jeans?

6. Est-ce que vous me vendez votre vélomoteur si .... ma bicyclette?

7. Est-ce que vous nous prêtez votre voiture si .... notre appartement?

Leçon Vingt-deux   Occupations du matin

(A)   1   *Oui ou non?*

Répondez au questionnaire suivant en utilisant le pronom **y**.

> Allez-vous souvent au cinéma?   *Oui (Non), j'y (je n'y) vais (pas) souvent.*

1. Allez-vous souvent au théâtre? ..... *Non, je n'y vais pas souvent.*

2. Allez-vous souvent chez vos amis? ..... *Oui, j'y vais souvent.*

3. Dînez-vous souvent à la cafétéria de l'université? ..... *Non, je n'y dîne pas souvent.*

4. Habitez-vous sur le campus? ..... *Non, je n'y habite pas sur le campus.*

5. Passez-vous vos week-ends chez vos parents? ..... *Oui, j'y passe mes weekends.*

6. Etes-vous allé(e) à Miami? ..... *Oui, j'y suis allée ~~à Miami~~.*

7. Etes-vous allé(e) en France? ..... *Non, je n'y suis pas allée ~~en France~~.*

8. Etes-vous allé(e) au Canada? ..... *Oui j'y suis allée ~~au Canada~~.*

(B)   2   *Pierre et ses camarades*

Pierre a une très bonne opinion de lui-même. Ses camarades ont une opinion différente sur Pierre. Exprimez cela d'après le modèle.

> Pierre *se* trouve très intelligent. Ses camarades *le* trouvent assez stupide.

1. Pierre ..... *S'* ..... admire. Ses camarades ne ..... *l'* ..... admirent pas.

2. Pierre ..... *Se* ..... trouve très beau. Les filles ..... *le* ..... trouvent très ordinaire.

3. Pierre ..... *Se* ..... regarde souvent dans la glace. Ses amies ..... *le* ..... regardent avec indifférence.

4. Pierre ..... *s'* ..... estime beaucoup. Ses professeurs ne ..... *l'* ..... estiment pas.

5. Pierre ..... *Se* ..... considère très sympathique. Ses cousins ..... *le* ..... considèrent comme un snob.

6. Pierre ..... *Se* ..... prend très au sérieux. Ses camarades ..... *le* ..... prennent pour un plaisantin (*joker*).

(B)   3   *Préparatifs*

Il est deux heures et chacun se prépare pour quelque chose de différent. Exprimez cela en complétant les phrases avec le verbe **se préparer** (*to get ready*).

1. Jacques *se prépare* pour son examen.

2. Michèle et Brigitte *se préparent* pour une interview.

3. Nous *nous préparons* pour un rendez-vous.

4. Vous *vous préparez* pour aller à l'université.

5. Je *me prépare* pour un voyage.

6. Tu *te prépares* pour la classe de français.

(B)   4   *Lectures*

Les étudiants suivants s'achètent des journaux et des revues qui reflètent leurs intérêts particuliers. Exprimez cela en utilisant les verbes **s'acheter** et **s'intéresser** (s'intéresser à = *to take an interest in*).

> Paul *s'achète* "Le Monde" parce qu'il *s'intéresse* à la politique.

1. Nous *nous achetons* "l'Equipe" parce que nous *nous intéressons* aux sports.

2. Vous *vous achetez* "Miroir de l'Histoire" parce que vous *vous intéressez* à l'histoire.

3. Sylvie *s'achète* "le Figaro Littéraire" parce qu'elle *s'intéresse* à la littérature.

4. Brigitte et Francine *s'achètent* "Archéologia" parce qu'elles *s'intéressent* à l'archéologie.

5. Tu *t'achètes* "Entreprise" parce que tu *t'intéresses* à l'économie.

6. Je *m'achète* "Connaissance des Arts" parce que je *m'intéresse* à l'art moderne.

(B)   5   *Commentaires personnels*

Dites si vous vous intéressez ou non aux choses suivantes.

1. à la politique *Je m'intéresse à la politique.*

2. au cinéma *Je ne m'intéresse pas au cinéma.*

3. au théâtre *Je ne m'intéresse pas au théâtre.*

4. à la musique *Je m'intéresse à la musique.*

5. à la technique *Je ne m'intéresse pas à la technique*

6. aux grands problèmes d'aujourd'hui *Je m'intéresse aux grands problèmes d'aujourd'hui.*

NOM ....Jane Jostier.. DATE 3/30/81

(C) 6 *Anatomie*

Montrez vos connaissances de l'anatomie en complétant la description de la joueuse de tennis.

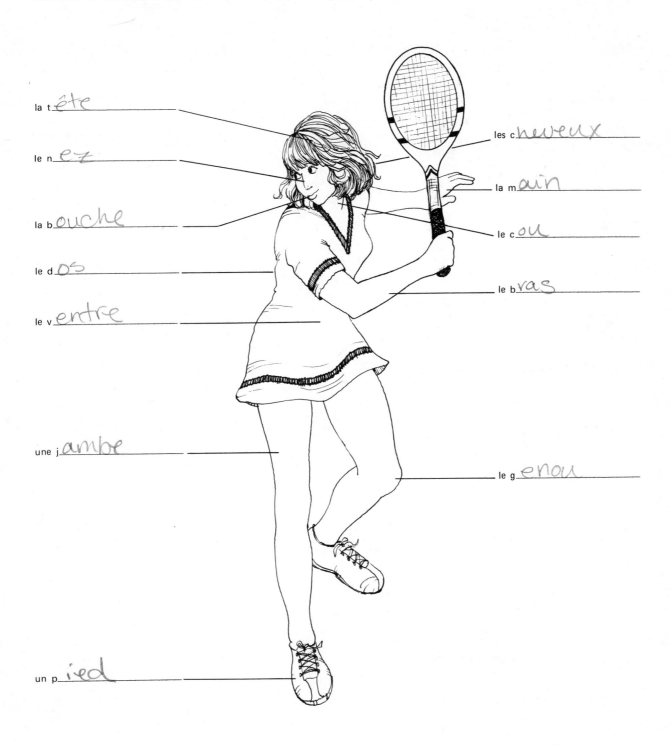

la t_ête_

le n_ez_

la b_ouche_

le d_os_

le v_entre_

une j_ambe_

un p_ied_

les c_heveux_

la m_ain_

le c_ou_

le b_ras_

le g_enou_

(C) 7 *Excuses*

Pour ne pas passer l'examen de français, les étudiants suivants prétendent être malades. Inventez une excuse pour chacun. Pour cela, utilisez l'expression **avoir mal à** + article défini + partie du corps. (Rappel: **à + le → au;** **à + les → aux.**)

> Paul *a mal aux dents.*

1. Sylvie *a mal à la tête.*

2. Robert *a mal au ventre.*

3. Philippe *a mal au dos.*

4. Jacqueline *a mal au pied.*

5. Henri *a mal à la main.*

6. Brigitte *a mal au genou.*

Leçon Vingt-trois   **Etes-vous coquet?**

(A) ①   *Toilette du matin*

Faites dix phrases logiques en utilisant les éléments des groupes A, B et C.

A	**B**		**C**	
Je	se brosser	se parfumer	avec du savon	les cheveux
Nous	se couper	se peigner	avec un peigne	les dents
Hélène	se laver	se raser	avec un rasoir	les ongles
Paul	se maquiller		avec du rouge à	la figure
			lèvres (*lipstick*)	les mains
			avec du Chanel N° 5	la moustache

1. Je me brosse les dents.
2. Nous nous parfumons avec du chanel N°5.
3. Hélène se maquille avec du rouge à lèvres.
4. Paul se rase avec un rasoir.
5. Je me lave la figure.
6. Nous nous coupons les cheveux.
7. Hélène se peigne avec un peigne.
8. Paul se coupe la moustache.
9. Je me maquille avec du rouge à lèvres.
10. Nous nous lavons les mains.

(B) 2   *Disputes*

L'atmosphère est tendue (*strained*) entre les personnes suivantes. Répondez aux questions négativement en utilisant un verbe pronominal réciproque et **ils** ou **elles** comme pronom sujet.

> Paul invite Michèle?   *Non, ils ne s'invitent pas.*

1. Jacques téléphone à Pierre? Non, ils ne se téléphonent pas.
2. Georges parle à Marc? Non, ils ne se parlent pas.
3. Sylvie invite Brigitte? Non, elles ne s'invitent pas.
4. Paul donne rendez-vous à Emilie? Non, ils ne se donnent pas rendez-vous.
5. Irène rend visite à Nathalie? Non, elles ne se rendent pas visite.
6. Albert comprend sa famille? Non, ils ne se comprennent pas.

7. François aime Martine? *Non ils ne s'aiment pas.*

8. Isabelle téléphone à Louise? *Non, elles ne se téléphonent pas.*

(C) ③ *Au café*

Paul, un étudiant canadien, passe ses vacances à Paris. Dans un café, il rencontre deux jeunes filles suisses, Christine et Brigitte. Complétez le dialogue.

Paul: Je m'appelle Paul Lavoie. Et vous, comment est-ce que *vous vous appelez?*

Christine: Je *m'appelle* Christine Guignard. Mon amie *s'appelle* Brigitte Bertin.

Paul: *Est-ce que vous vous* amusez bien à Paris?

Brigitte: Oui, *nous nous* amusons beaucoup. *Nous nous* promenons souvent au Quartier Latin. Et toi, où est-ce que *tu te* promènes?

Paul: Au Quartier Latin aussi! Je *m'* intéresse aussi à l'art moderne et *je me* rends souvent dans les musées. Et vous?

Christine: Moi, *je ne m'intéresse* pas à l'art, mais Brigitte *s'intéresse* à l'art égyptien. Elle *se rend* souvent au Louvre.

Paul: Est-ce que *vous vous* entendez bien avec les Parisiens?

Christine: Oui, *nous nous entendons* très bien.

(A,C) ④ *La matinée de Sylvie*

Décrivez la matinée de Sylvie dans l'ordre chronologique des événements. Pour cela, utilisez les verbes suivants: s'acheter, s'arrêter, se coiffer, s'habiller, s'installer, se laver, se lever, se maquiller, se regarder, se rendre.

1. 7h30: Sylvie *se lève à 7h30* .

2. 7h35: Elle va dans la salle de bains où elle *se lave à 7h35* .

3. 7h50: Elle prend ses vêtements et elle *s'habille à 7h50* .

4. 8h00: Elle *se regarde* dans la glace, *à 8h00 elle se coiffe* et *elle se maquille* .

5. 8h15: Elle prend le bus et *(elle) se rend* en ville.

6. 8h45: Elle *s'arrête à 8h45* chez le marchand de journaux où elle *s'achète* une revue. Puis elle va à l'université.

60

7. midi: Elle ~~s'arrête~~ *se rend* au restaurant universitaire où elle
s'installe à une table avec des amis.

(C) (5) *Occupations de la journée*

Faites huit phrases logiques en utilisant pour chaque phrase un élément du groupe A, un élément du groupe B et un élément du groupe C.

A	B		C	
Jacques	s'amuser	se presser	chez lui, chez elle, chez toi	à l'art moderne
Brigitte	s'arrêter	se promener	en ville	quand commence le film
Tu	se demander	se rendre	au cinéma	pour être à l'heure
	s'intéresser	se reposer	dans un magasin	de ses professeurs
	se moquer	se souvenir	avec des amis	de l'heure d'un rendez-vous

1. *Jacques s'amuse avec des amis.*
2. *Brigitte se demande de l'heure d'un rendez-vous.*
3. *Tu te repose chez toi.*
4. *Jacques se presse au cinéma.*
5. *Brigitte se moque de ses professeurs.*
6. *Tu t'intéresse à l'art moderne.*
7. *Jacques se promène en ville.*
8. *Brigitte se rend dans un magasin.*

6   *Commentaires personnels*

Dites à quelles occasions vous éprouvez (*feel*) certains sentiments, en complétant les phrases suivantes.

1. Si je m'énerve, c'est parce que ....

....

2. Si je m'impatiente, c'est parce que ....

....

3. Si je m'ennuie, c'est quand ....

....

4. Si je m'inquiète, c'est parce que ....

....

5. Si je me dispute avec mes parents, c'est parce que ....

....

6. Si je m'entends bien avec mes amis, c'est parce que ....

....

Leçon Vingt-quatre   Impatience

(A)   1   Elégance

Christine et ses amies sont invitées à une surprise-partie. Elles discutent de ce qu'elles vont mettre. Complétez le dialogue avec la forme appropriée du verbe **mettre.**

—Eh Christine! Qu'est-ce que tu vas ...*mettre*... pour la surprise-partie?

—Je ...*mets*... mon pantalon bleu et mon pull rouge.

—Tu ne ...*mets*... pas ton pull noir?

—Non, je l'...*ai mis*... la semaine dernière.

—Et tes cousines, qu'est-ce qu'elles ...*mettent*...?

—Michèle ...*met*... une robe, mais Monique et Suzanne ...*mettent*... leurs jeans.

—Nous aussi, nous ...*mettons*... nos jeans.

(B)   2   Encouragements

Imaginez que vous avez un(e) camarade de chambre français(e) qui est sur le bord (*on the verge*) d'une dépression nerveuse. Encouragez-le (la) à garder son sang-froid!

> Il (Elle) ne se contrôle pas.   *Contrôle-toi!*

> Il (Elle) s'énerve.   *Ne t'énerve pas!*

LE PROBLEME DE VOTRE AMI(E)	VOUS L'ENCOURAGEZ:
1. Il (Elle) ne se calme pas.	*Calme-toi!*
2. Il (Elle) ne se domine pas.	*Domine-toi!*
3. Il (Elle) ne s'amuse pas.	*Amuse-toi!*
4. Il (Elle) s'impatiente.	*Ne t'impatiente pas!*
5. Il (Elle) s'inquiète.	*Ne t'inquiète pas!*
6. Il (Elle) se met en colère.	*Ne te mets pas en colère!*
7. Il (Elle) ne s'entend pas avec ses parents.	*Entends-toi!*
8. Il (Elle) se dispute avec ses amis.	*Ne te dispute pas avec tes amis!*

2nd & 3rd conj. verbs retain the 's' in tu form.

(C) 3   A Roissy

Roissy est l'aéroport international de Paris. Avant leur retour aux Etats-Unis, les étudiants suivants y ont acheté certaines choses. Exprimez cela en utilisant le passé composé de **s'acheter.**

> Linda *s'est acheté* du parfum.

1. Georges *s'est acheté* une caméra.

2. Philippe et Louis *se sont acheté* du cognac.

3. Nancy *s'est acheté* un pull-over.

4. Lynn et Suzanne *se sont acheté* de l'eau de cologne.

5. Nous *nous sommes acheté* des disques.

6. Vous *vous êtes acheté* des livres.

7. Je *me suis acheté* une montre.

8. Tu *t'es acheté* un appareil-photo.

(C) 4   Junior Year en France

Dites à quoi les étudiants suivants se sont intéressés pendant leur année en France. Utilisez le passé composé de **s'intéresser.**

> Linda *s'est intéressée* à la politique.

1. Jim *s'est intéressé* au cinéma français.

2. Bob et Charles *se sont intéressés* au théâtre.

3. Suzanne *s'est intéressée* à la danse moderne.

4. Pam et Sally *se sont intéressées* à la danse classique.

5. Michèle *s'est intéressée* à la musique baroque.

6. Steve *s'est intéressé* à la littérature française.

(C) 5   Du mauvais pied   *(On the wrong side of bed)*

Jacques s'est levé du mauvais pied. Aujourd'hui, contrairement aux journées habituelles, il a eu une mauvaise journée. Exprimez cela d'après le modèle.

> Il se lève à l'heure.   *Il ne s'est pas levé à l'heure.*

> Il ne s'énerve pas.   *Il s'est énervé.*

D'HABITUDE	AUJOURD'HUI
1. Il ne se coupe pas avec son rasoir.	Il s'est coupé avec son rasoir.
2. Il ne s'impatiente pas.	Il s'est impatienté.
3. Il ne se presse pas.	Il s'est pressé
4. Il ne se trompe pas de bus.	Il s'est trompé de bus
5. Il s'amuse avec ses amis.	Il ne s'est pas amusé avec ses amis.
6. Il s'intéresse à ses cours.	Il ne s'est pas intéressé à ses cours.
7. Il ne s'ennuie pas en classe.	Il s'est ennuyé en classe.
8. Il ne se querelle pas avec sa meilleure amie.	Il s'est querellé avec sa meilleure amie.

(D) 6   *Etudes supérieures*   *(Graduate studies)*

Après leur baccalauréat, les étudiants suivants ont l'intention de se spécialiser dans certaines disciplines. Exprimez cela d'après le modèle.

> Richard *va se spécialiser* en littérature française.

1. Brigitte va se spécialiser en sciences politiques.

2. Marc va se spécialiser en sciences économiques.

3. Robert et Paul vont se spécialiser en physique.

4. Anne et Nathalie vont se spécialiser en chimie.

5. Je vais me spécialiser en espagnol.

6. Tu vas te spécialiser en musique.

7. Nous allons nous spécialiser en sociologie.

8. Vous allez vous spécialiser en histoire.

Checked 4-30-'81

7 Commentaires personnels

Décrivez dans le détail votre journée d'aujourd'hui: ce que vous avez déjà fait et ce que vous allez faire. Utilisez au moins huit verbes pronominaux.

....

....

....

....

....

....

....

....

....

Leçon Vingt-cinq   Désirs et réalités

1   A chacun son métier   (Everyone has his/her job)

Donnez la profession de chacune des personnes suivantes d'après les descriptions suivantes. Pour cela, utilisez des expressions des **Mots utiles** à la page 229.

> Jacqueline travaille dans un magasin.   *Elle est vendeuse.*

1. Paul travaille dans un magasin.   *Il est vendeur* ....

2. Michèle s'occupe des problèmes légaux de ses clients.   ....

3. Isabelle travaille pour le gouvernement.   ....

4. Henri travaille dans un hôpital.   ....

5. Pierre contrôle une firme de produits chimiques.   ....

6. Gilbert travaille dans une usine (*factory*).   ....

7. Maurice s'occupe de malades.   ....

8. Philippe prend des décisions très importantes pour son entreprise.   ....

(A)   2   Chacun a sa raison   (Everyone has a reason)

Les étudiants suivants expliquent pourquoi ils vont à l'université. Donnez la raison de chacun d'après le modèle. Remplacez le premier blanc par le verbe **aller**, le second blanc par le verbe **vouloir**.

> Jacques *va* à l'université parce qu'il *veut* apprendre l'anglais.

1. Henri ....à l'université parce qu'il ....avoir un diplôme.

2. Martine et Monique.....................................à l'université parce qu'elles.................................. faire du théâtre.

3. Tu...................................à l'université parce que tu...................................faire de la politique.

4. Vous.............................à l'université parce que vous..avoir une profession intéressante.

5. Nous.................................à l'université parce que nous.............................être indépendants.

6. Je...................................à l'université parce que je............................préparer une licence.

(A)   3   *Avec le baccalauréat*

Quelles professions peut-on exercer avec simplement le baccalauréat américain? Répondez affirmativement ou négativement pour chacun des étudiants suivants.

> Nous *ne pouvons pas* être professeurs d'université.

1. Jacques...être professeur de high school.

2. Sylvie et Lise...être avocates.

3. Nous...être médecins.

4. Vous...être ingénieurs.

5. Je...être journaliste.

6. Tu...être pharmacien.

(A,B)   4   *Conseils   (Advice)*

Supposez que vous êtes conseiller (conseillère) d'éducation (**guidance counselor**). Dites ce que les étudiants suivants doivent faire pour réussir dans leurs projets. Utilisez les verbes **vouloir** et **devoir**.

> Si Pierre *veut* être médecin, *il doit* étudier la biologie.

1. Si vous.........................être ingénieur,...............................étudier la physique.

2. Si Philippe et Paul...........................être cadres supérieurs,...............................aller dans une école de commerce (*business school*).

3. Si Jacqueline...............................obtenir son diplôme,...............................étudier.

4. Si tu...........................travailler en Amérique Latine,...............................apprendre l'espagnol.

5. Si Isabelle et Simone...............................travailler aux Nations unies,...............................apprendre des langues étrangères.

6. Si Henri...........................réussir,...............................travailler.

(B)   5   *Pour passer quatre années agréables à l'université*

Complétez les phrases avec le verbe **devoir** à la forme affirmative ou négative.

1. Les examens...............................être fréquents.

2. Les professeurs...............................être sévères.

3. Les camarades...............................être sympathiques.

4. L'existence...............................être monotone.

5. Le diplôme...............................être facile à obtenir.

6   *Commentaires personnels*

Supposez que vous avez passé une année en France. Là-bas, vous avez rencontré Philippe, Jacqueline, Brigitte, Pierre et Françoise. Aujourd'hui, vous recevez une lettre de ces jeunes Français où ils vous demandent conseil. Répondez-leur brièvement en utilisant les verbes **pouvoir, vouloir** et **devoir.**

La lettre de Philippe: "… Je voudrais passer une année dans une université américaine. Plus tard, j'ai l'intention de travailler comme économiste aux Nations unies. Je voudrais donc aller dans une "business school" ou dans une université réputée pour son département de sciences économiques. Qu'est-ce que tu me conseilles?…"

Votre réponse: "Mon cher Philippe,
     … Si tu veux te spécialiser en sciences économiques, tu peux aller à l'université de

.... ou de ....

Si tu décides d'aller dans une business school, tu peux aller à... …."

La lettre de Jacqueline: "…Cet hiver, je vais passer trois semaines dans le Nord-Est (*Northeast*) des Etats-Unis. Qu'est-ce que je peux faire là-bas? Qu'est-ce que je dois faire? Est-ce qu'il fait froid en cette saison-là? Quels vêtements est-ce que je dois prendre?…"

Votre réponse: Ma chère Jacqueline,

     … ....

....

....

....

....

La lettre de Brigitte:
     "…Je voudrais passer le mois de juillet dans une grande ville américaine sur la côte ouest (*West Coast*). Qu'est-ce que tu me conseilles? Je n'ai pas beaucoup d'argent et je voudrais travailler. Qu'est-ce que je dois faire?…"

Votre réponse: Ma chère Brigitte,

     … ....

....

....

....

....

La lettre de Pierre: "...Cet été j'ai décidé de visiter les Etats-Unis avec des copains. Nous n'aimons pas les grandes villes. Nous préférons aller dans l'ouest (*West*) des Etats-Unis. Où devons-nous aller? Nous voulons acheter une voiture d'occasion pour faire ce voyage. Où est-ce que nous pouvons acheter cette voiture?..."

Votre réponse: Mon cher Pierre,

....

....

....

....

....

La lettre de Françoise: "...Mes parents vont passer une semaine dans le Sud (*South*) des Etats-Unis. Qu'est-ce qu'ils peuvent faire là-bas? Qu'est-ce qu'ils doivent visiter? Qu'est-ce que'ils ne doivent pas visiter?..."

Votre réponse: Ma chère Françoise,

....

....

....

....

....

Leçon Vingt-six   Dans dix ans

(A)   1   Après l'université

Des étudiants discutent de leurs projets professionnels. Dites où chacun travaillera après l'université.

1. Jacques...................................chez un avocat.

2. Hélène...................................pour un magazine.

3. Nous...................................aux Nations unies.

4. Vous...................................dans un hôpital.

5. René et Charles...................................pour une firme internationale.

6. Sylvie et Françoise...................................dans une entreprise de marketing.

7. Je...................................dans un grand magasin.

8. Tu...................................pour un hôtel.

(A)   2   Quand on veut, on peut!   (Where there's a will, there's a way!)

Dites que les personnes suivantes réaliseront leurs projets.

> Paul veut habiter à Paris.   *Il habitera à Paris.*

1. Michel veut gagner beaucoup d'argent. ....

2. Marc veut se marier. ....

3. Irène veut voyager. ....

4. Françoise veut travailler à Genève. ....

5. Philippe veut réussir dans ses études. ....

6. Suzanne veut choisir une profession intéressante. ....

7. Sophie veut apprendre le russe. ....

8. Mes cousins veulent réussir professionnellement. ....

9. Mes amis veulent apprendre l'espagnol. ....

10. Jacqueline et Henri veulent se marier. ....

(A) 3   Jobs d'été

Cet été, les étudiants suivants ont des jobs temporaires. Dites qu'ils n'auront pas toujours ces jobs.

> Paul travaille dans une banque. *Il ne travaillera pas toujours dans une banque.*

1. Elisabeth travaille dans un hôpital. ....

....

2. Michel et Jean travaillent dans un garage. ....

....

3. Jean-Michel lave des voitures. ....

4. Tu répares des motos. ....

5. Vous réparez des guitares. ....

6. Gilbert pompe de l'essence (*gas*). ....

7. Louise vend des disques. ....

8. Nous vendons des encyclopédies. ....

....

(A) 4   L'annuaire   (Yearbook)

Imaginez que vous êtes chargé(e) de préparer l'annuaire des élèves de votre promotion (*graduating class*). Vous voulez savoir l'adresse des étudiants suivants et vous demandez où ils habiteront l'année prochaine.

> Paul   *Où habitera-t-il?*

1. Jacques ....

2. Marie-Hélène ....

3. Michèle et Francine ....

4. Henri et Pierre ....

5. Toi ....

6. Vous ....

(B,C) 5 *Le bonheur* *(Happiness)*

Pour chacun, le bonheur consiste en quelque chose de différent. Exprimez cela en utilisant le futur d'**être** et d'**avoir**.

> Jacques *sera* très heureux quand il *aura* son diplôme.

1. Michel .... très heureux quand il .... de l'argent.

2. Suzanne et Annie .... très heureuses quand elles .... des responsabilités importantes.

3. Je .... très heureux quand j' .... une nouvelle voiture.

4. Nous .... très heureux quand nous .... une profession intéressante.

5. Vous .... très heureux quand vous .... des professeurs tolérants.

6. Tu .... très heureux quand tu .... de longues vacances.

(C) 6 *Tourisme*

Etes-vous bon (bonne) en géographie? Faites des phrases logiques d'après le modèle en utilisant les éléments des colonnes A, B et C.

A	B	C
en France	Munich	le Kremlin
en Angleterre	Rome	le Colisée
en Italie	Londres	le British Museum
en Union Soviétique	Madrid	le musée du Prado
en Espagne	Paris	le Louvre
en Allemagne	Moscou	le stade Olympique

> Quand François *voyagera en France, il visitera Paris. Quand il sera à Paris, il visitera le Louvre.*

1. Quand Sylvie et Chantal ....

....

2. Quand Pierre ....

....

3. Quand nous ....

....

4. Quand vous ....

....

5. Quand je ....

....

7 Commentaires personnels

Complétez les phrases suivantes en exprimant une opinion personnelle.

1. Si j'ai mon diplôme, ...

....

2. Si je n'ai pas mon diplôme, ...

....

3. Si je me marie, ...

....

4. Si je ne me marie pas, ...

....

5. Quand j'aurai trente ans, ...

....

6. Quand j'aurai soixante ans, ...

....

Leçon Vingt-sept   En cas d'échec

(C)   1   *Philippe veut faire de la politique*

Philippe a parlé à ses amis de son intention de faire de la politique. Regardez le dessin et transcrivez la réaction de chacun.

> Hélène déclare *qu'il a raison.*

1. Lucien trouve...

2. Marc pense..

3. Brigitte remarque..

4. Sylvie croit..

5. Monique répond..

6. Robert a l'impression..

7. Michèle espère ....

(A) 2 *Le mot exact*

Complétez les phrases avec les mots entre parenthèses.

1. (aujourd'hui; demain; hier) ....je travaille. ....je me suis reposé.

   ....je préparerai mes examens.

2. (avant; après; maintenant) ....Monique va au cinéma. ....elle est

   allée à l'université. ....elle ira dîner.

3. (bientôt; alors) Paul cherche un job. Il espère trouver quelque chose................................. .

   Il pourra..................................gagner de l'argent.

4. (au revoir; à bientôt) ...., Jacques! ....!

5. (déjà; encore) J'ai ....visité Montréal, mais je n'ai pas ....visité Québec.

6. (de nouveau; déjà) Sylvie est ....allée en France. L'année prochaine, elle

   visitera..................................la Provence.

(A) 3 *Vacances*

Complétez le dialogue avec le futur du verbe **aller**.

—Où ....-tu cet été, Jacques?

—J'.................................en France avec mon frère.

—Vous.................................à Paris?

—Bien sûr, et ensuite nous.................................en Normandie.

—Est-ce que tes parents.................................avec vous?

—Non, ma mère.................................chez sa sœur en Suisse et mon père restera à la maison.

(A) 4 *Chez la voyante* *(At the fortune teller's)*

Des amis sont chez une voyante. Imaginez que vous êtes la voyante et que vous répondez à leurs questions. Utilisez le futur.

> Je vais faire un voyage? Oui, *vous ferez un voyage.*

LES AMIS	LA VOYANTE
1. Je vais faire fortune?	Non, ...
2. Je vais aller en France?	Oui, ...
3. Je vais aller au Mexique?	Non, ...

4. Je vais obtenir mon diplôme?   Oui, ...

5. Je vais devenir célèbre (*famous*)?   Non, ...

6. Mes amis vont devenir riches?   Oui, ...

7. Mes amis vont venir chez moi?   Non, ...

8. Mon ami va m'envoyer une lettre?   Oui, ...

(B) 5   *En avion*

Des étudiants américains sont dans un charter qui va vers l'Europe. Ils regardent par la fenêtre. Dites ce que chacun voit et ce que chacun croit reconnaître. Utilisez les verbes **voir** et **croire**.

> Paul *voit* une île. *Il croit* que c'est l'Irlande.

1. Sophie ....la mer. .... que c'est la Mer du Nord.

2. Nous ....une plage. .... que c'est la plage de Deauville.

3. Vous ....une rivière. .... que c'est la Seine.

4. Sylvie et Linda ....un grand immeuble. .... que c'est la Tour Montparnasse.

5. Je ....un aéroport. .... que c'est Roissy.

6. Tu ....une église. .... que c'est la cathédrale de Chartres.

6   *Commentaires personnels*

Comment voyez-vous l'avenir? Pour compléter les phrases suivantes, utilisez des expressions comme **Je crois**, **Je pense**, **Je suppose**, **J'espère**, **J'ai l'impression**, que vous mettrez à la forme affirmative ou négative.

1. ....j'obtiendrai mon diplôme.

2. ....je continuerai mes études.

3. ....je réussirai professionnellement.

4. ....je me marierai.

5. ....j'aurai des enfants.

6. ....je serai riche.

7. ....je deviendrai célèbre.

8. .... je serai heureux (heureuse).

Voici plusieurs offres d'emploi qui ont été publiées dans un journal français et la réponse à l'une de ces offres. Choisissez une offre et répondez-y en vous inspirant du modèle.

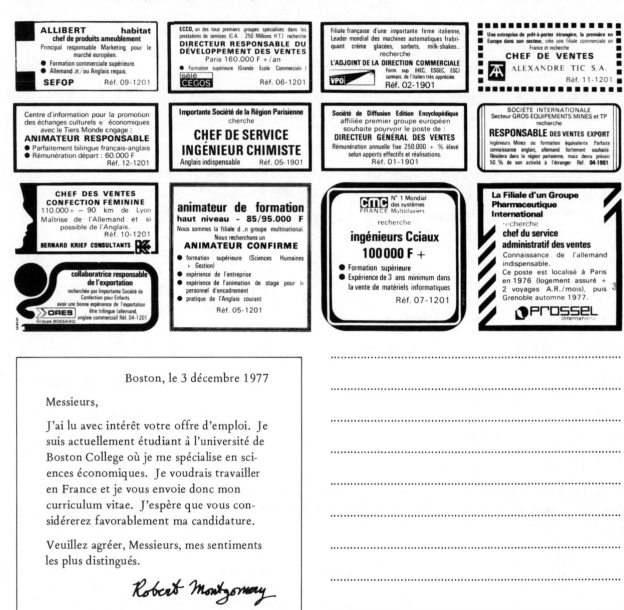

Boston, le 3 décembre 1977

Messieurs,

J'ai lu avec intérêt votre offre d'emploi. Je suis actuellement étudiant à l'université de Boston College où je me spécialise en sciences économiques. Je voudrais travailler en France et je vous envoie donc mon curriculum vitae. J'espère que vous considérerez favorablement ma candidature.

Veuillez agréer, Messieurs, mes sentiments les plus distingués.

Robert Montgomery

Robert Montgomery

c/ curriculum vitae

Leçon Vingt-huit   Avez-vous de la personnalité?

(E)   1   *Correspondance*

Les étudiants suivants correspondent avec des amis. Dites qui écrit et qui lit cette correspondance, en utilisant les verbes **écrire** et **lire**.

> Nous *écrivons* à Linda. Elle *lit* nos lettres.

1. Jacques.....................................à Barbara. Elle.....................................ses lettres.

2. Vous.....................................à Bob et à Jim. Ils.....................................vos lettres.

3. Je vous..................................... . Vous.....................................mes lettres.

4. Tu m'..................................... . Je.....................................tes lettres.

5. Vous nous..................................... . Nous.....................................vos lettres.

6. Pierre et Jacques t'..................................... . Tu.....................................leurs lettres.

(E)   2   *La vérité*   *(The truth)*

Qui dit la vérité? Qui ment (*lies*)? Complétez les dialogues suivants, en utilisant le verbe **dire** dans des phrases affirmatives ou négatives.

1. Est-ce que tu.....................................la vérité?

   Oui, je.....................................la vérité.

2. Est-ce que vous.....................................la vérité?

   Bien sûr, nous.....................................la vérité.

3. Est-ce que les hommes politiques.....................................la vérité?

   Non, ils.....................................toujours la vérité.

4. Est-ce que Christine.....................................la vérité?

   Oui, elle.....................................la vérité.

5. Est-ce que Paul a.....................................la vérité?

   Oui, je crois qu'il a.....................................la vérité.

6. Est-ce qu'on doit toujours.....................................la vérité?

   Oui, on doit toujours.....................................la vérité.

(A) *3* *Qui s'assemble se ressemble*   *(Birds of a feather flock together)*

Complétez les phrases en appliquant ce proverbe aux personnes suivantes.

> Jacques est obstiné.   Il a des amies *obstinées*.

1. Robert est réservé. Il a des amies ....

2. Paul est intelligent. Il a des amies ....

3. Marc est dynamique. Il a une amie ....

4. Philippe est intolérant. Il a des amis ....

5. Pierre est prudent. Il a des amies ....

6. Jean est calme. Il a des amies ....

(B) *4* *C'est normal!*

Complétez les phrases d'après le modèle. (L'astérisque dénote que le nom est féminin.)

> Michèle est sérieuse.   Elle a des projets *sérieux*.

1. Paul est ambitieux. Il a des idées* ....

2. Georges est sérieux. Il lit des livres ....

3. Elisabeth est généreuse. Ses actes sont ....

4. Bernard est ennuyeux. Il raconte (*tells*) des histoires* ....

5. Marc est curieux. Mais, il ne tolère pas les personnes* ....

6. Sylvie est amoureuse de Gilbert. Gilbert est ....d'elle.

(B,C) *5* *Commérages* *(Gossip)*

En parlant de leurs amis, deux personnes ont utilisé les adjectifs suivants à la forme indiquée: **naïve, irrationnels, émotif, conservatrices, originaux, impulsifs, sérieuse, impartiales, démonstrative, sentimental, superficielle, indiscrètes, travailleur, dominatrices, sportifs, musicien.**
Faites la description de ces amis en utilisant les adjectifs ci-dessus.

1. Philippe est *émotif*,......................., ..., ...

2. Elisabeth est ...., ..., ..., ...

3. Henri et Marc sont ...., ..., ..., ...

4. Martine et Sophie sont ...., ..., ..., ...

(C,D)   6   *Ressemblances familiales*

Complétez les phrases suivantes en indiquant la ressemblance familiale.

> Charles est attentif, discret et original.   Sa cousine est aussi *attentive, discrète et originale.*

1. Paul est sportif, dominateur et inquiet. Sa sœur est aussi ....

....

2. Louis est intuitif, créateur et musicien. Sa cousine est aussi ....

....

3. Henri est impulsif, secret et travailleur. Ses sœurs sont aussi ....

....

4. Jacques est original, sentimental et personnel. Ses frères sont aussi ....

....

5. Michel est loyal, impartial et rationnel. Ses cousines sont aussi ....

....

6. Lucien est cruel, irrationnel et asocial. Ses sœurs sont aussi ....

....

(C,D)   7   *Préférences personnelles*

Indiquez vos préférences en utilisant l'un des adjectifs entre parenthèses (ces adjectifs sont au masculin singulier). L'astérisque dénote que le nom est féminin.

> (libéral ou conservateur)   Je préfère les idées *libérales (conservatrices).*

1. (libéral ou conservateur) Je préfère les journaux ....

2. (ambitieux ou généreux) Je préfère les personnes* ....

3. (loyal ou docile) Je préfère les amis ....

4. (sportif ou intellectuel) Je préfère les amies* ....

5. (original ou conventionnel) Je préfère les attitudes* ....

6. (sentimental ou réaliste) Je préfère les livres ....

8 *Commentaires personnels*

Complétez les phrases suivantes:

1. Je suis ....

2. J'aime les garçons qui sont ....

3. Je n'aime pas les garçons qui sont ....

4. J'aime les filles qui sont ....

5. Je n'aime pas les filles qui sont ....

6. J'admire les personnes ....

7. Je respecte les personnes ....

8. Je déteste les personnes ....

Leçon Vingt-neuf   La condition féminine

(A)   1   *Votre choix*

A quelles qualités attachez-vous le plus d'importance chez un ami? chez une amie? Exprimez votre opinion personnelle en utilisant la forme comparative de l'adjectif important.

> Le caractère *est plus (moins, aussi) important que* l'intelligence.

CHEZ UN AMI

1. La personnalité ....

.... l'apparence extérieure.

2. La richesse ....

.... la générosité.

3. L'originalité ....

....la sincérité.

4. Les idées...

....les manières.

5. L'humour ....

.... le bon sens.

6. Le courage...

.... la patience.

CHEZ UNE AMIE

La personnalité ....

.... l'apparence extérieure.

La richesse ....

.... la générosité.

L'originalité ....

....la sincérité.

Les idées ....

.... les manières.

L'humour..

.... le bon sens.

Le courage ....

......................................la patience.

(A)   2   *Comparaisons internationales*

Comparez les personnes suivantes en utilisant la forme comparative de l'adjectif entre parenthèses. (Note: cet adjectif est au masculin singulier.)

> (joli)   Brigitte Bardot est *plus (moins, aussi) jolie que* Marilyn Monroe.

1. (sportif) Les Français sont .... les Américains.

2. (élégant) Les Françaises sont .... les Américaines.

3. (riche) La littérature française est .... la littérature américaine.

4. (prospère) L'économie française est .... l'économie américaine.

5. (bon) La cuisine française est .... la cuisine américaine.

6. (bon) Les vins français sont .... les vins américains.

(A)   *3*   *Budgets d'étudiants*

Philippe dispose de 600 francs par mois. Il compare son budget avec d'autres étudiants. Dites s'il est **plus riche,** **moins riche** ou **aussi riche** que ses amis. Utilisez un pronom accentué.

> Jacques a 1.000 francs.   *Philippe est moins riche que lui.*

1. Marie-Luce a 600 francs. ....

2. Sylvie et Louise ont 1.000 francs. ....

3. Paul et Henri ont 1.200 francs. ....

4. Nous avons 700 francs. ....

5. J'ai 500 francs. ....

6. Tu as 600 francs. ....

7. Vous avez 500 francs. ....

8. Marc a 800 francs. ....

(C)   *4*   *Renseignements*

Imaginez qu'un ami français vous a demandé des renseignements sur certains aspects de la vie américaine. Répondez-lui en utilisant le **superlatif** de l'adjectif entre parenthèses.

> (intéressant)   Les villes *les plus intéressantes sont . . .*

1. (intéressant) La région ....

2. (intéressant) Le sport ....

3. (intelligent) L'acteur ....

4. (intelligent) L'actrice ....

5. (remarquable) Les hommes politiques ....

....

6. (remarquable) Les femmes ....

7. (populaire) L'athlète ....

8. (admiré) La personne ....

(B) 5 *Comparaisons personnelles*

Comparez-vous à votre meilleur(e) ami(e) en utilisant les critères suivants.

> (la patience) *J'ai plus (moins, autant) de patience que lui (qu'elle).*

1. l'argent ....

2. les idées ....

3. le caractère ....

4. le bon sens ....

5. l'intuition ....

6. le tact ....

(D) 6 *Autres comparaisons internationales*

Voici certains peuples: **les Français, les Américains, les Italiens, les Russes, les Anglais.**
Sur la base des critères suivants, quels sont les pays extrêmes?

> (le dynamisme) *Les gens qui ont le plus de dynamisme sont . . . .*
                  Les gens qui ont le moins de dynamisme sont . . . .

1. la liberté ....

....

2. la culture ....

....

3. les problèmes économiques ....

....

4. les problèmes politiques ....

....

5. l'humour ....

....

7   Commentaires personnels

Comparez-vous aux autres membres de votre famille.

....

....

....

....

....

....

....

Leçon Trente   Hésitations

(A)   1   Définitions

Définissez les éléments de la colonne A en fonction des éléments des colonnes B et C, en faisant des phrases logiques.

A	**B**	**C**
une féministe	un homme	réclamer l'égalité de l'homme et de la femme
un héros	une femme	réclamer la suppression du capital
une héroïne	une personne	provoquer des changements sociaux
un romancier (*novelist*)	quelqu'un	faire des actions remarquables
une romancière	des personnes	décrire des faits et des personnages fictifs
les révolutionnaires	une doctrine	
les socialistes	un événement	
le féminisme	des livres	
le socialisme		
la révolution		
les romans		

> *Une féministe est une personne (une femme, quelqu'un) qui réclame l'égalité de l'homme et de la femme.*

1. ....

....

2. ....

....

3. ....

....

4. ....

....

5. ....

....

6. ....

....

7. ....

....

8. ....

....

9. ....

....

10. ....

....

(A) 2 Choix personnels

Complétez les phrases suivantes en exprimant votre opinion personnelle.

1. J'admire les personnes qui ....

2. Je n'admire pas les personnes qui...

3. Je lis les journaux qui..

4. Je ne lis pas les journaux qui...

5. Je suis d'accord avec les doctrines qui...

....

6. Je ne suis pas d'accord avec les doctrines qui...

....

(A) 3 Accusations

Jacques ne trouve pas son livre de français. Il accuse ses amis d'avoir pris ce livre. Complétez les accusations de Jacques.

> Est-ce que c'est Paul *qui a pris mon livre?*

1. Est-ce que c'est Hélène .... ?

2. Est-ce que c'est toi.. ?

3. Est-ce que c'est vous.. ?

4. Est-ce que ce sont vos amis.. ?

(B)   4   *Votre opinion*

Exprimez votre opinion en complétant les réponses aux questions suivantes.

> Vous admirez les hommes politiques?   *Oui (Non)*, ce sont des personnes *que j'admire (que je n'admire pas)*.

1. Vous lisez "Ms."?   ...., c'est un journal... .

2. Vous acceptez le socialisme?   ...., c'est une doctrine... .

3. Vous tolérez les snobs?   ...., ce sont des personnes.. .

4. Vous respectez les théories idéalistes?   ...., ce sont des théories............................. .

5. Vous comprenez la philosophie orientale?   ...., c'est une philosophie......................... .

6. Vous aimez la politique?   ...., c'est une activité ....

7. Vous comprenez les révolutionnaires?   ...., ce sont des personnes ....

(A,B)   5   *Qui ou que?*

Complétez les phrases avec le pronom relatif approprié.

> Voici un disque...
   qui est extraordinaire.
   que j'aime beaucoup.

1. Qui est le garçon...

...................a téléphoné?

...................tu attends?

...................t'a écrit?

...................se promène dans la rue?

...................vous invitez chez vous?

2. Comment s'appelle la fille...

.... tu invites à la surprise partie?

.... est fiancée avec Charles?

.... t'a invité pour son anniversaire?

.... vous allez voir ce soir?

.... a rendez-vous avec Robert?

3. Invitez-vous les gens...

...................sont amusants?

...................vont à l'université avec vous?

...................vous trouvez sympathiques?

...................vous invitent?

...................vous n'aimez pas?

4. Où est le journal...

...................j'ai acheté?

...................tu as lu?

...................décrit l'accident?

...................contient des photos extraordinaires?

...................vous avez trouvé sur la table?

5. Voilà des disques...

.... viennent de France.

.... j'écoute souvent.

.... mes parents détestent.

.... coûtent dix francs.

.... sont extraordinaires.

6 Commentaires personnels

Imaginez qu'un ami français vous demande qui sont les personnes suivantes. Expliquez-lui et donnez votre impression sur chacune de ces personnes.

1. (Jane Fonda) C'est une actrice qui ....

....

C'est une personne que ....

2. (Martin Luther King) C'est un homme politique qui ....

....

C'est une personne que ....

3. (Abraham Lincoln) C'est un président américain qui ....

....

C'est une personne que ....

4. (Gloria Steinem) C'est une féministe américaine qui ....

....

C'est une personne que ....

5. (Emily Brontë) C'est une romancière (*novelist*) anglaise qui ....

....

C'est une personne que ....

ONZIEME UNITE

Leçon Trente et un   Avez-vous changé?

(A)   1   *Jobs*

Quand ils étaient à l'université, certains étudiants avaient un job et travaillaient. D'autres ne travaillaient pas. Expliquez cela.

> Jacques (non)   *Il n'avait pas de job. Il ne travaillait pas.*

> Marie (oui)   *Elle avait un job. Elle travaillait* dans une pharmacie.

1. Paul et Louis (oui) ....dans un garage.

2. Joëlle (oui) ....dans un restaurant.

3. Nous (oui) ....dans un café.

4. Vous (non) ....

5. Moi (non) ....

6. Toi (non) ....

(A)   2   *Pas d'accord   (No consensus)*

Des amis ont décidé de passer le week-end ensemble à la campagne. Mais là, personne n'était d'accord pour faire la même chose. Complétez les phrases avec l'imparfait du verbe **vouloir** d'après le modèle.

> Jacques *voulait* jouer au tennis avec moi. Moi, je *ne voulais pas.*

1. Pierre.................................se promener avec Christine. Elle, elle ....

2. Michèle et Eric....................................faire du camping avec nous. Nous, nous ....

3. Nous...........................aller au cinéma avec Jean et Alain. Eux, ils ....

4. Tu..............................aller à la plage avec Paul. Lui, il ....

5. Je................................visiter un village avec vous. Vous, vous ....

6. Vous...........................dîner avec Michèle. Elle, elle...

(A) 3 *Hier*

Dites où Marc et ses amis étaient hier et ce qu'ils faisaient. Pour cela, faites deux phrases en utilisant logiquement les éléments de A et de B.

A

à l'université
au stade
au concert
au café
à la campagne
dans une discothèque
au garage

B

danser
étudier
écouter une symphonie
se promener
réparer sa voiture
faire du sport
discuter avec des amis

> Marc *était à l'université. Il étudiait.*

1. Hélène ....

2. Robert ....

3. Louis et André ....

4. Francine et Lili ....

5. Jean-Philippe ....

6. Marie-Claude ....

(A) 4 *L'ancien(ne) élève* *(The alumnus—the alumna)*

Imaginez que vous parlez à un(e) ancien(ne) élève de votre université. Vous lui parlez des étudiants d'aujourd'hui et vous lui demandez si c'était la même chose autrefois.

> Nous nous intéressons aux grands problèmes.   Et vous, *est-ce que vous vous intéressiez aux grands problèmes?*

1. Nous faisons de la politique. Et vous, ...

2. Nous votons. Et vous, ...

3. Nous avons un sénat. Et vous, ...

4. Nous participons au gouvernement de l'université. Et vous, ...

....

5. Nous lisons les philosophes modernes. Et vous, ...

....

6. Nous réfléchissons à l'avenir. Et vous, ...

....

7. Nous croyons au progrès. Et vous, ...

8. Nous sommes relativement heureux. Et vous, ...

....

(B) 5   Encore!

Sylvie a fait certaines choses plusieurs fois. Exprimez cela d'après le modèle.

> Elle a téléphoné à Paul hier.   Elle lui *a retéléphoné* cet après-midi.

1. Elle a lu ce livre l'année dernière. Elle l'...hier.

2. Elle a vu ce film au cinéma. Elle l'..à la télé.

3. Elle a pris le bus ce matin. Elle l'..ce soir.

4. Elle a joué au tennis samedi. Elle y...dimanche.

5. Elle est passée au café ce matin. Elle y...après le déjeuner.

6. Elle est venue chez moi samedi. Elle...lundi.

6   Commentaires personnels

Dites si vous aimiez faire les choses suivantes quand vous étiez en high school. Dites aussi si vous les faisiez souvent.

> (faire du sport)   *J'aimais faire du sport. Je faisais souvent du sport.*
    ou: *Je n'aimais pas faire du sport. Je ne faisais pas souvent de sport.*

1. étudier ....

....

2. aller à la piscine ....

....

3. aller en surprise-partie ....

....

4. danser ....

....

5. jouer au basket-ball ....

....

6. jouer aux cartes ....

....

7. sortir ....

....

8. discuter de choses sérieuses ....

....

9. lire des romans ....

....

10. regarder la télévision ....

....

11. écouter de la musique ....

....

12. téléphoner à des amis ....

....

Leçon Trente-deux   La télévision: un bien ou un mal?

(A) 1   *Avant l'université*

Dites si vous faisiez les choses suivantes avant d'aller à l'université.

1. Etudiiez-vous le français? ....

2. Faisiez-vous du sport? ....

3. Faisiez-vous de la politique? ....

4. Aviez-vous un job d'été? ....

5. Discutiez-vous avec vos amis? ....

6. Sortiez-vous souvent? ....

7. Aimiez-vous danser? ....

8. Alliez-vous dans les discothèques? ....

(A) 2   *Un vieux*

Imaginez que vous passez les vacances dans un petit village de France. Vous interviewez Monsieur Moreau qui vient de célébrer son 80e anniversaire. Complétez l'interview.

> —Vous allez au café?
> —Non, je n'y *vais plus, mais avant j'y allais souvent.*

—Vous jouez aux cartes?

—Non, je n'y...

—Vous sortez souvent?

—Non, je ne...

—Vous regardez la télévision?

—Non, je ne la..

—Vous prenez votre bicyclette?

—Non, je ne la..

(A) 3   En 1900

Voici certaines caractéristiques de la période actuelle. Dites si, oui ou non, ces caractéristiques existaient en 1900.

> Les gens ont des voitures. *Les gens n'avaient pas de voitures.*

MAINTENANT   EN 1900

1. La pollution est un problème sérieux.   ....

2. Il y a l'électricité.   ....

3. Les femmes votent.   ....

4. On va au cinéma.   ....

5. Les gens ne travaillent pas le samedi.   ....

6. On voyage en avion.   ....

(A) 4   Une fois n'est pas coutume   (Once does not make a habit)

Dites ce que faisait habituellement Christine pendant les vacances et ce qu'elle a fait un jour particulier. Utilisez le verbe entre parenthèses.

> (dîner) D'habitude, *elle dînait* chez elle.
Un soir, *elle a dîné* au restaurant.

1. (jouer) Le matin, ...au tennis.

Un matin, ...au volley-ball.

2. (téléphoner) Le lundi, ...à ses parents.

Un lundi, ...à un ami.

3. (se lever) Généralement, ...à huit heures.

Une fois, ...à cinq heures.

4. (aller) Le samedi, ...dans une discothèque.

Un samedi, ...au cinéma.

5. (rencontrer) Habituellement, ...ses amis à la plage.

Plusieurs fois, ...ses amis au café.

6. (sortir) En général, ...avec Pierre.

Une ou deux fois, ...avec Philippe.

7. (se promener) Le week-end, ...à la campagne.

Un week-end, ...en ville.

(A) 5 *Sorties* *(Outings)*

Henri parle des amis qu'il avait quand il était étudiant. Complétez les phrases avec **est sorti** ou **sortait**, suivant le cas.

1. Le samedi soir, Henri .... avec ses amis.

2. Un jour, il .... avec une étudiante américaine.

3. Il .... avec elle cinq ou six fois.

4. Quand il .... avec elle, ils allaient au cinéma.

5. Le dimanche, Henri ne .... jamais. Il restait chez lui.

(B) 6 *L'adresse de Jean-Jacques*

Jean-Jacques a invité des amis à une surprise-partie. Il s'assure que chacun connaît son adresse. Complétez le dialogue avec les verbes **connaître** et **savoir**.

> Est-ce que Paul *connaît* mon adresse?   Oui, il *sait* où tu habites.

JEAN-JACQUES	LES AMIS
1. Est-ce que tu .... mon adresse?	Oui, je .... où c'est.
2. Est-ce que Thérèse .... mon adresse?	Oui, elle .... comment aller chez toi.
3. Est-ce que Marie et Sophie .... mon adresse?	Oui, elles .... où tu habites.
4. Est-ce que vous .... mon adresse?	Oui, nous .... que tu habites avenue de la République.

(B,C) 7 *Journalisme*

Imaginez que vous travaillez pour un journal. Vous voulez interviewer une actrice française en visite aux Etats-Unis. C'est son imprésario qui répond. Complétez vos questions avec **Savez-vous** ou **Connaissez-vous.**

1. .... sa famille?

2. .... ses amis?

3. .... si elle aime les Etats-Unis?

4. .... pourquoi elle vient à New York?

5. .... combien de temps elle va rester ici?

6. .... dans quel film elle va jouer?

7. .... les acteurs avec qui elle va jouer?

8. ....son metteur en scène?

9. ....quand elle rentrera en France?

10. ....si elle a l'intention de revenir?

(C) 8 Une interview

Imaginez que vous êtes chef du personnel dans une entreprise américaine. Vous cherchez des vendeurs (vendeuses), des secrétaires et des chauffeurs. Vous interviewez des étudiants français qui désirent un job temporaire. Complétez les questions avec **Pouvez-vous** ou **Savez-vous.**

1. ....parler anglais?

2. ....parler espagnol?

3. Combien de temps...rester avec notre firme?

4. ....commencer la semaine prochaine?

5. ....écrire une lettre commerciale?

6. ....taper à la machine (*to type*)?

7. ....revenir lundi?

8. ....signer ce contrat?

9. ....réparer un moteur?

10. ....répondre au téléphone?

9 Commentaires personnels

Expliquez comment votre existence à l'université est différente de votre existence pendant les dernières vacances. Expliquez ce que vous faites maintenant et ce que vous faisiez avant (et vice-versa).

....

....

....

....

....

....

....

....

Leçon Trente-trois   Le jour le plus long

(A)   1   *La soucoupe volante   (The flying saucer)*

Imaginez qu'une soucoupe volante a atterri (*landed*) hier. Dites ce que chacun faisait au moment de l'atterrissage.

> Paul (se promener)   *Paul se promenait.*

1. Jacques (étudier) ....

2. Nous (regarder la télé) ....

3. Vous (écouter la radio) ....

4. Henri (jouer au poker) ....

5. Mes amies (dîner) ....

6. Toi (parler à un ami) ....

(B)   2   *Les dernières élections*

Vous souvenez-vous des dernières élections? Demandez quel âge avaient les personnes suivantes et si elles ont voté.

> Hélène   *Quel âge avait-elle? A-t-elle voté?*

1. Paul ....

2. Michel et Henri ....

3. Toi ....

4. Vous ....

5. Nous ....

6. Nathalie et Suzanne ....

(B)   3   *Pourquoi*

Les étudiants suivants apprennent le français pour des raisons différentes. Si, dans dix ans, vous deviez expliquer leurs raisons, qu'est-ce que vous diriez? Utilisez le passé composé et l'imparfait.

> Linda (Elle veut visiter la France.)   *Linda a appris le français parce qu'elle voulait visiter la France.*

1. Paul (Il veut travailler pour une compagnie internationale.)..

....

2. Sylvie (Elle a des amis à Paris.)..

....

3. Bob (Il est amoureux d'une Française.)..

....

4. Nous (C'est obligatoire.)..

....

5. Vous (Vous croyez que c'est facile.)..

....

(B) 4 Le premier homme sur la lune (The first man on the moon)

Le 20 juillet 1969, les premiers hommes ont marché sur la lune. Vous souvenez-vous de cet événement mémorable? Répondez aux questions suivantes.

1. Quel âge aviez-vous? ....

2. Où habitiez-vous? ....

3. Etiez-vous en vacances? ....

4. Où étiez-vous ce jour-là? ....

5. Avez-vous regardé la télévision? ....

6. Qui étaient les trois astronautes? ....

....

7. Qui commandait la mission? ....

8. Qui est descendu le premier sur la lune? ....

....

9. Qui est descendu après lui? ....

10. Qu'est-ce que les deux hommes ont fait? ....

....

11. Qui est resté dans le module? ....

12. Qui a téléphoné aux astronautes? ....

13. Qu'est-ce que vous avez pensé de cet événement? ....

....

(C) 5 *Le premier voyage*

Cette année, les personnes suivantes ont passé les vacances dans une ville qu'elles avaient visitée quand elles étaient à l'université. Exprimez cela d'après le modèle.

> Jacques a visité Rome. *Il avait déjà visité Rome quand il était étudiant.*

1. Nous avons visité Paris. ....

....

2. André a visité Genève. ....

....

3. J'ai visité Montréal. ....

....

4. Vous avez visité Québec. ....

....

5. Jacqueline est allée à Dakar. ....

....

6. Mes cousines sont allées à Casablanca. ....

....

(C) 6 *Trente ans après*

Bob Jones est un ancien GI. Il est retourné en Normandie trente ans après le débarquement. Décrivez les changements qu'il a remarqués d'après le modèle.

> Beaucoup de choses ont changé. Bob Jones a remarqué que *beaucoup de choses avaient changé.*

1. Des transformations ont eu lieu. Il a remarqué que...

2. On a reconstruit (*rebuilt*) les villages. Il a remarqué qu'...

3. On a édifié des monuments. Il a remarqué qu'..

4. La France s'est transformée. Il a trouvé que ....

5. La Normandie est devenue riche. Il a trouvé que ....

6. Les villes se sont modernisées. Il a trouvé que...

7 Commentaires personnels

Racontez un événement important de votre vie. Utilisez le passé composé et l'imparfait.

....

....

....

....

....

....

....

....

....

....

Leçon Trente-quatre   La qualité de la vie

(A)   1   Mode de vie

Chacun vit à sa manière. Expliquez cela en complétant les phrases avec la forme appropriée de **vivre**.

1. Je.............................assez bien.

2. Paul.............................modestement.

3. Les étudiants français.............................simplement.

4. Tu.............................mal.

5. Vous.............................confortablement.

6. Nous.............................d'une façon indépendante.

7. J'aime.............................dangereusement.

8. Napoléon............................. pour la gloire.

(B)   2   Au café

Des amis sont à la terrasse d'un café. Dites ce que chacun aperçoit. Utilisez la forme appropriée du verbe **apercevoir.**

1. Henri.............................un ami.

2. J'.............................mon professeur d'anglais.

3. Nous.............................des touristes.

4. Vous.............................un taxi.

5. Tu.............................l'université.

6. Hélène et Monique.............................un autobus.

7. Hier, j'.............................une fille que je connais.

8. J'espère que j'.............................bientôt mes amis.

(C)   3   La grève   (The strike)

Il y a une grève des transports aujourd'hui, mais les personnes suivantes ne le savent pas. Dites depuis combien de temps elles attendent leur bus.

> Paul *attend depuis* une heure.

1. Michèle et Nathalie.............................une demi-heure.

2. Marc.............................un quart d'heure.

3. Jean-Jacques.............................dix minutes.

4. Nous..vingt minutes.

5. Vous..cinq minutes.

6. Henri..quarante minutes.

(C) *4*   *Le début et la fin*   *(The beginning and the end)*

Dites depuis combien de temps les étudiants font ou ne font plus les choses suivantes.

> Paul a commencé à étudier l'anglais en septembre.   *Il étudie l'anglais depuis septembre.*

> Hélène a arrêté d'étudier l'espagnol l'année dernière.   *Elle n'étudie plus l'espagnol depuis l'année dernière.*

1. Sylvie a commencé à sortir avec Paul l'année dernière. ....

....

2. Jean-Michel a arrêté de sortir avec Linda en octobre. ....

....

3. Jean-Claude a commencé à prendre des leçons de tennis en avril. ....

....

4. Brigitte a arrêté de prendre des leçons de piano en décembre. ....

....

5. Elisabeth a arrêté de faire de la politique l'année dernière. ....

....

6. Jacques a commencé à faire de la politique en novembre. ....

....

(C) *5*   *Prétextes*

Les personnes suivantes ont arrêté de faire du sport. Dites depuis quand.

> Michel est malade.   *Il ne fait plus de sport depuis qu'il est malade.*

1. Jacques est marié. ....

2. Henri va à l'université. ....

3. Martine travaille. ....

4. Renée fait du théâtre. ....

(C) 6 *Interview*

Imaginez que vous interviewez un chanteur français célèbre. Il vous parle de ses activités. Demandez-lui depuis combien de temps il fait ces choses.

> J'habite à Paris. *Depuis combien de temps habitez-vous à Paris?*

1. Je fais des disques. ....

2. Je joue de la guitare. ....

3. Je donne des récitals aux Etats-Unis. ....

....

4. Je compose des chansons. ....

(C) 7 *Au téléphone*

Complétez la conversation téléphonique entre Paul et Stéphanie—avec les expressions **il y a** ou **dans.**

> —Allô! Est-ce que je peux parler à Michèle?
> —Elle n'est pas là. Elle est partie *il y a* dix minutes.
> —Quand est-ce qu'elle revient?
> —*Dans* une heure.

1. —Est-ce qu'elle a reçu ma lettre?

—Oui, elle l'a reçue....................................deux jours.

2. —Quand est-ce qu'elle va à Paris?

—....................................un mois ou deux. Ses cousins l'ont invitée,....................................quelques jours.

3. —Est-ce que les photos de la surprise-partie sont prêtes?

—Non, je les ai déposées chez le photographe............................trois jours. Elles seront prêtes............................ une semaine.

4. —Au revoir, Stéphanie. Je rappellerai Michèle....................................une heure ou deux, quand elle sera là.

—Au revoir, Paul.

8 Commentaires personnels

Complétez les phrases suivantes en utilisant l'expression **depuis.**

1. Je suis à l'université ....

2. J'étudie le français ....

3. Je connais ma meilleure amie..

4. Je connais mon meilleur ami..

5. Mes parents habitent leur maison...

6. Ils possèdent leur voiture...

7. Mon université existe ....

8. J'ai l'âge de voter...

Leçon Trente-cinq   Avez-vous assez de loisirs?

(A)   1   *En français, s'il vous plaît*

Vous êtes le (la) porte-parole (*spokesperson*) d'une école de langues. Les élèves n'utilisent que le français. Répondez aux questions suivantes, selon le modèle.

> Vous parlez français?   *Oui, nous ne parlons que français.*

1. Vous lisez des journaux français? ....

2. Vous écoutez des disques français? ....

3. Vous avez des professeurs français? ....

4. Vos amis s'expriment en français? ....

5. Vos exercices sont en français? ....

6. Les élèves passent leurs examens en français? ....

....

(B,C)   2   *Etes-vous sportif (sportive)?*

Répondez aux questions suivantes en utilisant le pronom **en.**

1. Faites-vous de la gymnastique? ....

2. Faites-vous du basket-ball? ....

3. Faites-vous du volley-ball? ....

4. Faites-vous du tennis? ....

5. Faites-vous du ski? ....

6. Faites-vous du ski nautique (*water skiing*)? ....

7. Avez-vous un survêtement (*sweat suit*)? ....

8. Avez-vous une raquette de ping-pong? ....

9. Avez-vous une raquette de tennis? ....

10. Avez-vous des patins (*skates*)? ....

11. Achetez-vous des magazines de sports? ....

12. Parlez-vous des événements sportifs avec vos amis? ....

(B) 3 *Au centre de sports*

Isabelle se prépare pour aller au centre de sports. Dites qu'elle prend les choses suivantes. Utilisez les pronoms **le, la, les** ou **en.**

> son maillot de bain   *Elle le prend.*

> de la crème anti-solaire *(suntan lotion)*   *Elle en prend.*

1. sa raquette ....

2. ses chaussures de tennis ....

3. des balles ....

4. son sac ....

5. son peigne ....

6. de l'aspirine ....

7. du shampooing ....

8. sa serviette *(towel)* ....

9. du talc ....

10. ses lunettes ....

(B) 4 *Pour être en forme*   *(To be in shape)*

Un client demande à son docteur ce qu'il doit faire pour être en forme. Le docteur lui recommande de changer complètement ses habitudes. Complétez les recommandations du docteur.

> Vous ne faites pas d'exercices!   *Faites-en!*

> Vous buvez du whisky!   *N'en buvez pas!*

1. Vous ne faites pas de sport! ....!

2. Vous buvez de la bière! ....!

3. Vous ne prenez pas de vacances! ....!

4. Vous ne faites pas de bicyclette! ....!

(C) 5 *Les équipes sportives*   *(Sports teams)*

Dites combien il y a de joueurs *(players)* dans les équipes suivantes.

> une équipe de football   *Il y en a onze.*

1. une équipe de basket-ball ....   3. une équipe de hockey ....

2. une équipe de volley-ball ....   4. une équipe de base-ball ....

(C) 6 *Votre université*

Un groupe d'étudiants français visite votre université. Vous êtes chargé(e) de cette visite et vous répondez aux questions suivantes. (Utilisez le pronom **en** dans vos réponses.)

1. Il y a un stade? ....

2. Il y a un laboratoire de langues? ....

3. Il y a une piscine? ....

4. Il y a une bibliothèque (*library*)? ....

5. Il y a une infirmerie? ....

6. Il y a un théâtre? ....

7. Il y a des étudiants français? ....

8. Il y a beaucoup d'étudiants étrangers? ....

9. Combien y a-t-il d'étudiants? ....

10. Combien y a-t-il de professeurs? ....

(C) 7 *Le séjour de Philippe*

Philippe a passé une année aux Etats-Unis. Sa sœur lui pose des questions sur son séjour. Complétez les réponses de Philippe.

> Tu as fait du sport? Oui, *j'en ai fait.*

LA SŒUR DE PHILIPPE	PHILIPPE
1. Tu as vu des films américains?	Oui, ...beaucoup.
2. Tu as pris des photos?	Oui, ...quelques-unes.
3. Tu as vu des matchs de base-ball?	Oui, ...plusieurs.
4. Tu as acheté des disques?	Oui, ... quelques-uns.
5. Tu as rencontré des Américains sympathiques?	Oui, ...beaucoup.
6. Tu as eu assez d'argent?	Non, ...assez.

8 Commentaires personnels

Répondez aux questions suivantes en utilisant les expressions **assez, beaucoup, trop, souvent** dans des phrases affirmatives ou négatives.

1. Avez-vous des amis? ....

2. Avez-vous des loisirs? ....

3. Avez-vous des examens? ....

4. Faites-vous du sport? ....

5. Vos professeurs vous mettent des bonnes notes? ....

....

6. Vos parents vous donnent de l'argent? ....

....

7. Discutez-vous de politique avec vos amis? ....

....

8. Discutez-vous de vos problèmes avec vos parents? ....

....

Leçon Trente-six   **Que feriez-vous si vous aviez plus d'argent?**

(A)   *1*   *Contestations*

Certains étudiants ne sont pas satisfaits de leur université. Paul, leur leader, propose certaines actions. Exprimez ses suggestions.

> aller chez le président de l'université   *Si nous allions chez le président de l'université!*

1. parler avec lui ....

2. discuter le problème des études ....

3. proposer des réformes ....

4. demander plus de loisirs ....

5. demander la suppression des examens ....

6. organiser un grand meeting ....

(B)   *2*   *Projets*

Des étudiants français discutent des pays qu'ils aimeraient visiter. Chacun mentionne le pays où il irait, mais il ajoute (*adds*) qu'il n'habiterait pas dans la capitale de ce pays. Expliquez cela d'après le modèle.

> Paul *irait* aux Etats-Unis, *mais il n'habiterait pas* à Washington.

1. Martine..............................en Suisse, ...à Berne.

2. Nous..................................en Egypte, ...au Caire.

3. Paul et Sylvie....................au Mexique, ...à Mexico.

4. J'......................................en Italie, ...à Rome.

5. Tu......................................en Russie, ...à Moscou.

6. Vous..................................en Israël, ...à Tel-Aviv.

(B)   *3*   *Le candidat*

Imaginez que c'est la période des élections municipales. Vous êtes journaliste et vous interviewez un candidat. Demandez-lui s'il ferait les choses suivantes s'il était élu.

> aider les étudiants   *Est-ce que vous aideriez les étudiants?*

1. donner des subventions à l'université ....

....

2. augmenter les impôts (*taxes*) ....

3. créer un centre de sports ....

4. encourager l'industrie ....

5. favoriser le tourisme ....

6. développer les loisirs ....

7. parler aux habitants ....

8. dire la vérité (*truth*) ....

(B) 4 Le gros lot (*The first prize*)

La loterie nationale existe en France depuis 1933. Le tirage (*drawing*) a lieu chaque semaine. Le gros lot est de 1.000.000 de francs (200.000 dollars). Imaginez que vous avez gagné le gros lot. Dites si vous feriez les choses suivantes.

1. Achèteriez-vous une voiture? ....

2. Achèteriez-vous une maison? ....

3. Mettriez-vous l'argent à la banque? ....

4. Continueriez-vous vos études? ....

5. Aideriez-vous vos amis en difficulté? ....

6. Vous marieriez-vous? ....

7. Feriez-vous des dépenses inutiles? ....

8. Seriez-vous heureux (heureuse)? ....

(B,C) 5 Si j'étais président . . .

Voici quelques-unes des attributions du Président de la République Française.

Il est élu pour sept ans. Il habite au palais de l'Elysée. Il choisit le Premier Ministre. Il préside le Conseil des Ministres. Il négocie les traités. Il a le droit de grâce. Il peut dissoudre le Parlement.

Dites que vous auriez les mêmes attributions si vous étiez président.

Si j'étais président(e), je serais élu(e) pour sept ans. ....

....

....

....

....

(B,C) 6 Le bonheur (Happiness)

Les personnes suivantes seraient contentes si la situation actuelle changeait. Exprimez cela d'après le modèle.

> Les étudiants ne travaillent pas. Le professeur *serait content si les étudiants travaillaient.*

1. Le professeur est sévère. Les étudiants ....

....

2. Je n'ai pas de bonnes notes. Mes parents ....

....

3. Mes parents ne me donnent pas d'argent. Je ....

....

4. Elle n'a pas de voiture. Hélène ....

....

5. Il n'a pas d'amis. Marc ....

....

6. Ils sont étudiants. Marcel et Pierre..

....

7 Si...

Des étudiants expliquent dans quelles conditions ils quitteront l'université. Complétez leurs phrases avec l'expression **quitter l'université** au futur ou au conditionnel.

1. Si Hélène se marie, elle ....

2. Si François n'était pas reçu à ses examens, il ....

3. Si je n'avais pas de bourse, je ....

4. Si ton père était malade, tu ....

5. Si Henri trouve un travail intéressant, il ....

6. Si ses amis quittaient l'université, Jacques .... aussi.

7. Si Sylvie décide de faire de la politique, elle ....

8. Si Françoise est élue "Miss Univers", elle ....

8 Commentaires personnels

Composez un paragraphe sur l'un des sujets suivants.

1. Si je n'allais pas à l'université...

2. Si j'avais plus de loisirs...

3. Si je voulais être riche...

4. Si j'étais le professeur de français...

....

....

....

....

....

....

....

....

....

....

Leçon Trente-sept   Etes-vous fait(e) pour la politique?

(A)   1   *A contre-cœur   (Reluctantly)*

Les personnes suivantes font certaines choses à contre-cœur. Exprimez cela d'après le modèle.

> Isabelle étudie, *mais elle préfère ne pas étudier.*

1. Paul travaille,..

2. Jacques voyage, ...

3. Sylvie vote,...

4. Nathalie sort avec François,..

5. Brigitte reste chez elle,..

6. Philippe habite chez ses parents,..

7. Renée habite à Paris,..

8. Henri va à l'université, ...

(B,C)   2   *Le candidat*

Jacques a l'intention de se présenter aux élections du Bureau des Etudiants (*Student Council*). Expliquez la réaction de ses amis en complétant les phrases avec **voter pour lui, à voter pour lui, de voter pour lui.**

1. Henri n'a pas l'intention ....

2. Jacqueline a envie ....

3. Serge aimerait ....

4. Sylvie ne voudrait pas ....

5. Michèle serait heureuse ....

6. Isabelle hésiterait ....

7. Pierre veut...

8. Jean refuserait ....

9. Max déciderait ....

10. Philippe accepterait...

11. Raymond pense...

12. Elisabeth ne désire pas..

(C) 3   Votre opinion

Que pensez vous des activités suivantes? Exprimez votre opinion en utilisant les adjectifs **agréable**, **utile**, **indispensable** dans des expressions impersonnelles, affirmatives ou négatives.

> *Il n'est pas agréable de* rater ses examens.

1. ....voyager.

2. ....prendre des vacances.

3. ....avoir des amis.

4. ....faire du sport.

5. ....parler français.

6. ....connaître plusieurs langues.

7. ....avoir de l'argent.

8. ....travailler.

9. ....faire de la politique.

10. ....être honnête.

4   Commentaires personnels

Complétez les phrases suivantes en exprimant une opinion personnelle.

1. En ce moment, je suis heureux (heureuse) de ....

2. Plus tard, je serais heureux (heureuse) de...

3. Je trouve intéressant de ....

4. Je trouve formidable de...

5. Je trouve idiot de...

6. Il est facile de ....

7. Il est difficile de ....

8. A l'heure actuelle, il est important de...

Leçon Trente-huit   Pourquoi faites-vous de la politique?

(A)   1   *Logique*

Faites six phrases logiques en utilisant les éléments des colonnes A et B, d'après le modèle.

A	B
réussir	travailler
voter	étudier
être heureux	faire de la politique
aller en France	avoir de l'argent
être célèbre	avoir des amis
être reçu aux examens	avoir un passeport
être indépendant	avoir 18 ans

> *Pour réussir il (ne) faut (pas nécessairement) travailler.*

1. ....

2. ....

3. ....

4. ....

5. ....

6. ....

(A)   2   *La politique*

Les personnes suivantes font de la politique. Expliquez les raisons de chacun.

> Jacques veut être célèbre.   *Il fait de la politique pour être célèbre.*

1. Michèle veut aider la société. ....

....

2. Henri veut être sénateur. ....

3. Monique veut changer les institutions. ....

....

4. Je veux réformer la constitution. ....

....

5. Nous voulons proposer des changements. ....

....

6. Vous voulez améliorer (*to improve*) la qualité de la vie. ....

....

(A)   3   *Jacqueline est en retard*

Jacqueline est rentrée tard d'une réunion politique. Ce matin, elle s'est levée à neuf heures et elle n'a pas eu le temps de faire les choses suivantes.

Elle ne s'est pas maquillée. Elle n'a pas fait son lit. Elle n'a pas pris son petit déjeuner. Elle n'a pas téléphoné à Paul. Elle n'a pas dit au revoir à sa mère. Elle n'a pas pris ses livres.

Pour exprimer les oublis de Jacqueline, complétez la phrase suivante.

Jacqueline est allée à l'université *sans se maquiller, sans* ....

....

....

....

(A)   4   *L'ordre chronologique*

Dites si vous voulez faire les choses suivantes dans l'ordre chronologique indiqué.

> finir vos études et vous marier   *Oui, je veux (Non, je ne veux pas) finir mes études avant de me marier.*

1. voyager et travailler ....

....

2. étudier et passer vos examens ....

....

3. avoir votre diplôme et chercher une profession ....

....

4. acheter une voiture et acheter une maison ....

....

5. avoir une situation et avoir des enfants ....

....

(B) 5 *Sujets de réflexion*

Voici certains sujets de réflexion. Dites si ces sujets vous font réfléchir (*make you think*) ou vous laissent indifférent(e) (*leave you indifferent*).

> L'avenir *me fait réfléchir (me laisse indifférent(e))*.

1. La politique ....

2. Les problèmes sociaux ....

3. L'injustice ....

4. Le racisme ....

5. Le problème de la pollution ....

6. Le problème de l'énergie ....

7. Mes études ....

8. Ma profession future ....

(B) 6 *Si vous étiez professeur*

Dites si vous feriez faire les choses suivantes aux élèves.

> Les élèves étudieraient? *Oui, je ferais (Non, je ne ferais pas) étudier les élèves.*

1. Les élèves travailleraient? ....

2. Les élèves liraient? ....

3. Les élèves discuteraient en classe? ....

4. Les élèves trembleraient? ....

5. Les élèves réfléchiraient? ....

6. Les élèves obéiraient? ....

7   Commentaires personnels

Complétez les phrases en exprimant une opinion personnelle.

1. Je vote pour..

....

2. Je suis assez âgé(e) pour...

....

3. Je suis trop indépendant(e) pour ....

....

4. Je ne suis pas assez riche pour..

....

Leçon Trente-neuf   Comment transformer la société?

(A)   *1*   *Style*

Imaginez que vous annotez un manuscrit pour un éditeur (*publisher*) français. Vous décidez de transformer les expressions suivantes en utilisant des adjectifs verbaux en **-ant.**

> une attitude qui irrite   *une attitude irritante*

1. une politique qui change   ....

2. des circonstances qui inquiètent   ....

3. une décision qui déconcerte   ....

4. des réformes qui encouragent   ....

5. une remarque qui choque   ....

6. des exemples qui édifient   ....

7. une attitude qui déconcerte   ....

8. des problèmes qui troublent   ....

(B,C)   *2*   *Pour une meilleure université*

Peut-on améliorer (*to improve*) l'université en adoptant les mesures suivantes? Exprimez votre opinion personnelle pour chacune de ces mesures.

> donner aux élèves plus de responsabilités   *On (ne) peut (pas) améliorer l'université en donnant aux élèves plus de responsabilités.*

1. récompenser les bons élèves   ....
....

2. encourager les bons professeurs   ....
....

3. punir les mauvais élèves   ....
....

4. punir les mauvais professeurs   ....
....

5. supprimer les examens   ....
....

6. abolir les tests ....

....

7. réformer le système de la titularisation (*tenure*) ....

....

8. augmenter la scolarité (*tuition*) ....

....

9. diminuer la scolarité ....

....

10. interdire (*to prohibit*) la politique sur le campus ....

....

(B,C) 3 *Informations*

Dites comment les personnes suivantes s'informent.

> Nous lisons le journal.   *Nous nous informons en lisant le journal.*

1. Paul regarde la télé. ....

2. Jacqueline écoute la radio. ....

3. Vous allez aux réunions politiques. ....

....

4. Je discute avec mes amis. ....

5. Tu poses des questions. ....

6. Mes cousins lisent "Le Canard Enchaîné".* ....

....

*un journal satirique

(C) *4* *La radio*

Dites si vous écoutez la radio dans les circonstances suivantes.

> quand vous prenez un bain *(bath)* *Oui, j'écoute (Non, je n'écoute pas) la radio en prenant un bain.*

1. quand vous vous lavez le matin ....

....

2. quand vous vous habillez ....

....

3. quand vous prenez le petit déjeuner ....

....

4. quand vous travaillez ....

....

5. quand vous vous reposez ....

....

6. quand vous préparez vos leçons ....

....

(C) *5* *L'action politique*

Exprimez l'attitude des personnes suivantes vis-à-vis de la politique. Pour cela, complétez les phrases par **faire de la politique** ou **faisant de la politique.**

1. Jacques pense ....

2. Michèle a décidé de ....

3. Robert hésite à ....

4. Henri n'est pas assez dynamique pour ....

5. Martine veut assumer ses responsabilités en ....

6. Au lieu de .... Brigitte a décidé de travailler comme assistante sociale.

7. En ...., Paul espère être célèbre.

8. Sylvie a fait la connaissance de personnes intéressantes en ....

9. Avant de ...., Philippe était étudiant.

10. Irène ne veut pas prendre le risque de ....

11. Nathalie veut être utile en ....

12. Charles ne veut pas perdre son temps à ....

6   Commentaires personnels

Complétez les phrases en exprimant une opinion personnelle.

1. On peut transformer la société en ....

....

2. On peut combattre l'injustice en ....

....

3. On affirme sa personnalité en ....

....

4. On peut être très heureux en ....

....

QUATORZIEME UNITE

Leçon Quarante   Interview avec un Québécois

(A,B)   1   *Désirs et réalités*

C'est le premier jour de l'année. Le professeur exprime certains désirs et fait part de (*indicates*) certaines réalités à sa classe. Complétez les phrases avec **Je désire que** (si le verbe suivant est au subjonctif) ou avec **Je constate** (*I realize*) **que** (si le verbe est à l'indicatif).

> *Je constate que* vous parlez anglais.

> *Je désire que* vous parliez français.

1. .... vous apprenez facilement.

2. .... vous appreniez vos leçons.

3. .... vous travaillez pour les examens.

4. .... vous travailliez régulièrement.

5. .... vous comprenez facilement.

6. .... vous obéissiez.

7. .... vous veniez en classe.

8. .... vous écoutiez.

9. .... vous aimez lire.

10. .... vous lisiez ce texte.

(C)   2   *Une année à l'étranger*

Des étudiants vont passer une année dans un pays étranger. Dites qu'il faut qu'ils apprennent la langue du pays et qu'ils parlent bien cette langue.

> Paul va en France.   *Il faut qu'il apprenne* le français. *Il faut qu'il parle bien français.*

1. Tu vas à Mexico. ....l'espagnol.

....

2. Michèle va à Moscou. .... le russe.

....

3. Je vais à Munich. ....l'allemand.

....

4. Mes amis vont à Lisbonne. ....le portugais.

....

5. Vous allez à Rome. ....l'italien.

....

6. Nous allons en Tunisie. ....l'arabe.

....

(C) 3 *Leçon de conduite (Driving lesson)*

Voici certains panneaux de signalisation (*traffic signs*) internationaux et leur signification. Imaginez que vous travaillez dans une auto-école (*driving school*). Expliquez le sens de chaque panneau à vos élèves.

VOUS DEVEZ... VOUS NE DEVEZ PAS...

A

tourner à droite

B

tourner à gauche

C

vous arrêter

D

tourner à droite

E

tourner à gauche

F

doubler (*to pass*)

G

stationner (*to park*)

H

utiliser votre klaxon (*horn*)

I

entrer dans cette rue

> A   Il faut que *vous tourniez à droite.*

> D   Il ne faut pas que *vous tourniez à droite.*

1. B   Il faut que ....

2. C   Il faut que ....

3. E   Il ne faut pas que ....

4. F   Il ne faut pas que ....

5. G   Il ne faut pas que ....

6. H   Il ne faut pas que ....

7. I   Il ne faut pas que ....

(B)   4   *Conflits*

Sylvie et sa mère ne sont pas d'accord. Complétez le dialogue d'après le modèle.

> sortir   *Je veux sortir.*   *Et moi, je ne veux pas que tu sortes.*

SYLVIE   LA MERE

1. inviter des amis ....

....

2. prendre la voiture ....

....

3. passer les vacances à Paris ....

....

4. apprendre le karaté ....

....

(C)   5   *Votre opinion*

Pensez-vous que les étudiants doivent faire les choses suivantes? Exprimez votre opinion en utilisant l'une des ex-pressions suivantes à la forme affirmative ou négative: **il est bon que, il est dommage que, il est important que, il est normal que, il est indispensable que, il est utile que, il est juste que.**

> s'intéresser à la politique   *Il n'est pas indispensable que les étudiants s'intéressent à la politique.*

1. étudier ....

....

2. travailler pendant les vacances ....

....

3. voyager ....

....

4. respecter les professeurs ....

....

5. apprendre des langues étrangères ....

....

6. organiser des manifestations (*demonstrations*) ....

....

7. participer au gouvernement de l'université ....

....

8. désobéir ....

....

9. se révolter contre l'autorité ....

....

10. recevoir leurs diplômes ....

....

11. obtenir des bourses ....

....

12. payer leur scolarité ....

....

6 Commentaires personnels

Complétez les phrases suivantes en exprimant une opinion personnelle.

1. Je souhaite que mes amis ....

2. Je voudrais que les professeurs ....

3. Dans la société actuelle, il n'est pas normal que ....

....

4. Il est important que les Etats-Unis ....

....

Leçon Quarante et un   Interview avec une Allemande

(D) *1   Le rallye automobile*

Dites quelle voiture chacun conduit au rallye automobile.

> Michèle *conduit* une Alfa-Roméo.

1. Jacques......................................une Jaguar.

2. Paul et Henri.................................une M.G.

3. Je................................ une Renault 5.

4. Tu.............................une Simca 1000.

5. Vous ....une Matra.

6. Nous .... une BMW.

7. Mes amies................................une Mercédès.

(A) *2   Interview*

Imaginez qu'une compagnie française recrute du personnel pour sa succursale (**branch**) aux Etats-Unis. Le chef du personnel va passer sur votre campus pour interviewer des étudiants. Dites que chacun doit être à l'heure pour l'interview, et qu'il doit avoir certains documents avec lui.

> Michèle (une carte d'identité)   *Il faut que Michèle soit à l'heure. Il faut aussi qu'elle ait une carte d'identité.*

1. Paul (une photo) ....

....

2. Marc et Robert (leurs diplômes) ....

....

3. Nous (les résultats des examens) ....

....

4. Vous (vos notes) ....

....

5. Toi (une lettre de recommandation) ....

....

6. Moi (mon curriculum vitae) ....

....

(B) 3 *Points de vue*

Marc donne son point de vue sur les amis de sa sœur. Complétez ce point de vue avec **Je doute que** ou **Je pense que**.

1. .... Sylvie soit intelligente.

2. .... Paul est sérieux.

3. .... Charles ait de l'ambition.

4. .... Brigitte a beaucoup d'idées.

5. .... Henri s'entend avec ses amis.

6. .... Michèle s'entend bien avec nous.

7. .... Marc se conduit mal.

8. .... Béatrice se conduise bien.

(B) 4 *Difficultés?*

Pensez-vous que les institutions ou les groupes suivants soient en difficulté? Exprimez votre opinion personnelle en commençant vos phrases par **Je crois que** ou **Je ne crois pas que**.

> *Je crois que* l'amitié franco-américaine *est en difficulté.*
> ou: *Je ne crois pas que* l'amitié franco-américaine *soit en difficulté.*

1. .... l'économie américaine...

2. .... la politique internationale américaine......................

3. .... les relations américano-soviétiques.........................

4. .... l'industrie américaine...

5. .... les universités américaines..................................

6. .... les minorités..

7. .... la croisade anti-pollution..................................

8. .... la France...

9. .... les Italiens..

10. .... les Américaines ....

(B) 5 *La politique française*

Imaginez qu'un homme politique français visite votre campus. Vous l'interviewez pour votre journal. Complétez la transcription de ce dialogue. (Dans vos questions, utilisez le verbe entre parenthèses.)

> *(avoir)* Vous:—Est-il vrai que les Français *aient* de l'hostilité vis-à-vis des Anglais?
> Le visiteur:—Non, *il n'est pas vrai qu'ils aient de l'hostilité vis-à-vis des Anglais.*

1. (être) Vous: —Pensez-vous que les relations franco-américaines .... bonnes?

   Le visiteur: —Oui, ...

2. (être) —Est-il vrai que l'économie française ....instable?

   —Non, ...

3. (avoir) —Croyez-vous qu'il y ....actuellement un danger de récession économique?

   —Non, ...

   ....

4. (être) —Etes-vous sûr que les Français ....favorables au Marché commun?

   —Oui, ...

5. (avoir) —Pensez-vous que la France ....des problèmes sérieux?

   —Non, ...

6. (être) —Etes-vous sûr que la politique internationale de la France ....logique?

   —Oui, ...

(C) 6 *La surprise-partie de Jeanne*

Jeanne a organisé une surprise-partie et a invité ses amis. Elle est heureuse que certains de ses amis viennent. Elle n'est pas heureuse que d'autres ne viennent pas. Exprimez cela en complétant les phrases suivantes.

> (Marc) Elle est contente *que Marc vienne.*
> (Michèle) Elle est furieuse *que Michèle ne vienne pas.*

1. (vous) Elle est ravie ....

2. (toi) Elle est contente ....

3. (Paul) Elle est heureuse ....

4. (nous) Elle est désolée ....

5. (Robert) Elle est triste ....

6. (moi) Elle regrette ....

(C) 7   *Réactions*

Chacun des événements suivants provoque une double réaction: chez les personnes qui sont directement concernées par cet événement et chez d'autres personnes. Décrivez cette double réaction d'après le modèle.

> Pierre est reçu à ses examens.   Pierre est fier *d'être reçu à ses examens.*
> Ses parents sont fiers *qu'il soit reçu à ses examens.*

1. Jacqueline passe l'été au Canada. Elle est heureuse ....

   Son ami Paul est heureux ....

2. Henri part en vacances. Il est ravi ....

   Ses amis sont ravis ....

3. Marc a un accident. Il est furieux ....

   Ses parents sont furieux ....

4. Je pars. Je suis triste ....

   Mes amies sont tristes ....

5. Tu gagnes de l'argent. Tu es heureux ....

   Ton père est heureux ....

6. Philippe est malade. Il a peur ....

   Sa mère a peur ....

8   *Commentaires personnels*

Exprimez votre opinion sur la politique américaine actuelle en complétant les phrases suivantes.

1. Je suis heureux (heureuse) que ....

   ....

2. Je déplore que ....

   ....

3. Je crois que ....

   ....

4. Je ne crois pas que ....

   ....

Leçon Quarante-deux   Pour ou contre la "Coopération"

(A)   1   Prétextes

Chacun a un prétexte pour ne pas étudier. Donnez ce prétexte en complétant chaque phrase avec le subjonctif du verbe **aller** et du verbe **faire.**

> Il faut que j'*aille* à la station-service. Il faut que je *fasse* réparer ma voiture.

1. Il faut que Paul ....chez le photographe. Il faut qu'il ....réparer sa caméra.

2. Il faut que Sylvie et Mireille .... chez elles. Il faut qu'elles .... leur gymnastique.

3. Il faut que vous...................................... chez vous. Il faut que vous..une lettre.

4. Il faut que nous......................................au stade. Il faut que nous ....du sport.

5. Il faut que tu..en ville. Il faut que tu..des achats.

6. Il faut que j'......................................au garage. Il faut que je....................................une réparation à ma bicyclette.

(A)   2   Recommendations

Imaginez que vous recrutez du personnel pour la compagnie Air Afrique. Vous expliquez aux candidats ce qui est souhaitable. Complétez vos recommandations en utilisant l'expression **Il est souhaitable que.**

> Vous savez parler français?   *Il est souhaitable que vous sachiez parler français.*

1. Vous voulez passer un an en Afrique? ....

....

2. Vous pouvez voyager? ....

....

3. Vous savez parler anglais? ....

....

4. Ce candidat sait parler arabe? ....

....

5. Il peut habiter à Dakar? ....

....

6. Il veut travailler immédiatement? ....

....

7. Ces candidates savent parler anglais? ....

....

8. Elles peuvent habiter à Abidjan? ....

....

(B)   3   *D'accord ou pas d'accord?*

Etes-vous d'accord ou pas d'accord pour que les Etats-Unis fassent les choses suivantes?

> être neutres   *Je (ne) suis (pas) d'accord pour que les Etats-Unis soient neutres.*

1. être militairement forts ....

....

2. avoir des bonnes relations avec la Russie ....

....

3. faire du commerce avec la Chine ....

....

4. aider les pays sous-développés ....

....

5. supporter Israël ....

....

6. supporter les Nations unies ....

....

(B)   4   *Départs*

C'est la fin des vacances. Michèle va téléphoner à ses amis avant leur départ. Exprimez cela d'après le modèle.

> Henri va à l'université.   *Michèle va téléphoner à Henri avant qu'il aille à l'université.*

1. Sylvie va à Paris. ....

....

2. Jacques rentre chez lui. ....

....

3. Pierre prend le train. ....

....

4. Louise part. ....

....

5. André et François vont à Québec. ....

....

6. Marc et Nathalie prennent l'avion. ....

....

(B) 5 *Jalousie*

Paul est d'accord pour faire certaines choses, mais il n'est pas d'accord pour que ses amis fassent la même chose. Exprimez cela d'après le modèle.

> Paul sort avec Michèle. *Paul est d'accord pour sortir avec Michèle.*
> *Il n'est pas d'accord pour que Charles sorte avec Michèle.*

1. Paul prend sa voiture.

....

.... sa sœur ....

2. Paul va au cinéma avec Elisabeth.

....

.... vous ....

3. Paul invite Françoise.

....

.... *nous* ....

4. Paul emprunte (*borrows*) de l'argent à ses amis.

....

.... *vous* ....

....

6 Commentaires personnels

Exprimez vos opinions sur vos études de français en complétant les phrases suivantes.

1. Le français est une langue utile pourvu que (qu')..

....

2. Si je vais en France, c'est à condition que (qu') ....

....

3. Je pense réussir à mes examens de français à moins que (qu') ....

....

4. Je continuerai mes études de français jusqu'à ce que (qu')..

....

QUINZIEME UNITE

Leçon Quarante-trois   Etes-vous idéaliste?

(A)   *1*   *Sondage d'opinion*   *(Opinion poll)*

Imaginez que vous êtes chargé(e) par l'Institut d'Opinion Publique de faire un sondage sur les loisirs préférés des Français. Préparez votre questionnaire d'après le modèle. (Les noms avec un astérisque sont féminins.)

> le sport   *Quel est votre sport préféré?*

1. le passe-temps ....

2. les loisirs ....

3. les émissions* de télé ....

4. le journal ....

5. la revue* ....

6. les distractions* ....

7. le spectacle ....

8. les magazines ....

(A)   *2*   *Au bureau de tourisme*

Imaginez que vous travaillez pour le bureau de tourisme de votre ville. Des touristes français vous disent ce qu'ils aimeraient faire. Demandez-leur des précisions d'après le modèle.

> Nous voulons visiter un monument.   *Lequel voulez-vous visiter?*

LES TOURISTES	VOUS
1. Nous voulons visiter une école.	....
2. Nous voulons visiter des quartiers anciens.	....
3. Nous voulons voir un musée.	....
4. Nous voulons voir des magasins modernes.	....
5. Nous voulons rencontrer des étudiants.	....
6. Nous voulons discuter avec les personnalités de la ville.	Avec ....

(B) *3* *A la bibliothèque* *(At the library)*

Imaginez que vous avez trouvé un job d'été à la bibliothèque d'une université française. Des étudiants vous disent de quels livres ils ont besoin. Demandez-leur des précisions.

> J'ai besoin d'un livre sur la littérature anglaise. *Duquel?*

LES ETUDIANTS	VOUS
1. J'ai besoin d'une encyclopédie.	....
2. J'ai besoin d'un dictionnaire.	....
3. J'ai besoin d'un roman de Camus.	....
4. J'ai besoin de journaux américains.	....
5. J'ai besoin de revues anglaises.	....
6. J'ai besoin d'un magazine littéraire.	....

(B) *4* *Questionnaire*

Vous voulez savoir les sujets d'intérêt des étudiants francophones de votre université. Complétez le questionnaire suivant avec la forme appropriée de **auquel** ou de **duquel**.

> Etes-vous inscrit(e) *(registered)* à un club sportif? *Auquel?*

1. Vous intéressez-vous aux sports? ....

2. Vous intéressez-vous aux spectacles? ....

3. Etes-vous inscrit(e) à un club littéraire? ....

4. Etes-vous membre d'une église? ....

5. Faites-vous partie d'une association religieuse? ....

6. Appartenez-vous à un groupe musical? ....

7. Jouez-vous d'un instrument? ....

8. Appartenez-vous à une chorale? ....

9. Allez-vous aux réunions politiques? ....

10. Appartenez-vous aux organisations sportives de votre université? ....

(C) *5* *Avec qui?*

Paul veut savoir avec qui ses amis sortent. Posez les questions de Paul en les commençant par **Avec qui?**

> Marc sort. *Avec qui sort-il?*

1. Brigitte sort. ....

2. Henri va au cinéma. ....

3. Mireille va au théâtre. ....

4. Pierre est au concert. ....

5. Sylvie est à la discothèque. ....

6. Louis et André sont au stade. ....

7. Alain et Robert sont en ville. ....

8. Irène et Sophie dînent au restaurant. ....

(C) *6* *Le club musical*

Michèle veut fonder un club musical. Elle veut savoir qui s'intéresse à la musique. Complétez ses questions.

> Jacques, *s'intéresse-t-il à la musique?*

1. Et Brigitte,... ?

2. Et Marc,.. ?

3. Et toi,.. ?

4. Et vous, ... ?

5. Et Hélène et Francine,.. ?

6. Et Paul et Etienne,.. ?

(C) *7* *Un peu d'histoire*

Imaginez que vous préparez un mémoire historique sur une ville de France. Vous rendez visite au président de la Société Historique de la ville et vous lui demandez quand ont été fondées (*founded*) les institutions suivantes. Complétez les questions.

> Quand la ville *a-t-elle été fondée?*

1. Quand l'université .... ?

2. Quand la Société Historique .... ?

3. Quand les deux hôpitaux .... ?

4. Quand le musée .... ?

5. Quand ces anciennes églises .... ?

6. Quand le nouveau théâtre .... ?

8   *Commentaires personnels*

Posez six questions sur les universités françaises.

1. ....

2 ....

3. ....

4. ....

5. ....

6. ....

Leçon Quarante-quatre   Etes-vous sociable?

(A) 1   Questions et réponses

Lisez attentivement les réponses et complétez les questions.

> *De qui* parlez-vous?   Nous parlons de notre professeur.

> *De quoi* parlez-vous?   Nous discutons de la classe de français.

LA QUESTION	LA REPONSE
1. ....discutez-vous?	Nous discutons du président.
2. ....discutez-vous?	Nous discutons de politique.
3. ....penses-tu?	Je pense aux vacances.
4. ....penses-tu?	Je pense à un rendez-vous que j'ai demain.
5. ....pensez-vous?	Je pense à mon amie Michèle.
6. ....vas-tu?	Je vais chez un ami.
7. ....est-ce que tu t'intéresses?	Je m'intéresse à la musique.
8. ....est-ce que tu répares ta voiture?	Je la répare avec mon frère.
9. ....est-ce que tu répares cela?	Avec un marteau (*hammer*).
10. ....as-tu besoin?	J'ai besoin d'un nouveau carburateur.

(B) 2   Indépendance

Ces personnes comptent sur elles-mêmes quand elles ont des problèmes. Exprimez cela d'après le modèle.

> Louis *compte sur lui-même.*

1. Hélène ....

2. Paul et André..

3. Mes amies ....

4. Nous..

5. Vous..

6. Moi, je ....

7. Et toi, est-ce que tu..

(B) 3 *Vanité et égoïsme*

Les personnes suivantes sont vaniteuses (*vain*) ou égoïstes (*selfish*). Pour exprimer cela, complétez les phrases avec le verbe entre parenthèses, et le pronom réfléchi (**lui-même, elle-même**).

> (croire)   Jacques *se croit* très intelligent.

> (penser à)   Henri *pense à lui-même.*

1. (regarder)   Hélène...dans la glace.

2. (prendre)   Paul...pour un génie.

3. (travailler pour)   Marc...

4. (parler de)   Béatrice...

5. (admirer)   Philippe...

6. (penser à)   Robert...

7. (être sûre de)   Jacqueline...

8. (être satisfait de)   Léon...

9. (contempler)   Roger... avec admiration.

10. (être contente de)   Marianne...

(C) 4 *Traductions (Translations)*

Les personnes suivantes sont traductrices (*translators*) pour les Nations unies. Certaines utilisent un dictionnaire dans leurs traductions. D'autres n'en utilisent pas. Exprimez cela en utilisant l'expression **se servir d'un dictionnaire** dans des phrases affirmatives ou négatives.

1. Oui, je...

2. Non, vous...

3. Oui, nous...

4. Oui, Stéphanie...

5. Non, Anne et Marcelle...

6. Non, tu...

Leçon Quarante-cinq   Avez-vous l'esprit d'initiative?

(A) *1*   *Retour de vacances*

Brigitte a passé une semaine de vacances à Québec. A son retour, elle demande à Sylvie, sa camarade de chambre, ce qui s'est passé pendant son absence. Complétez les questions de Brigitte avec **Qui est-ce qui** ou **Qu'est-ce qui.**

BRIGITTE   SYLVIE

1. .... est venu?   Mireille.

2. .... a téléphoné?   Jean-Claude.

3. .... est arrivé au courrier (*mail*)?   Une lettre et un paquet.

4. .... s'est passé d'extraordinaire   Il y a eu un incendie (*fire*).
   pendant mon absence?

5. .... a provoqué cet incendie?   C'est un court circuit.

6. .... ne fonctionne pas maintenant?   Le réfrigérateur!

7. .... va le réparer?   C'est toi, j'espère!

(A) *2*   *Psychanalyse*

Demandez la cause des états psychologiques suivants.

> Pierre est tourmenté.   *Qu'est-ce qui le tourmente?*

1. Jacques est exaspéré. ....

2. Henri est étonné. ....

3. Paul est obsédé. ....

4. Philippe est intéressé. ....

5. Michel est embarrassé. ....

6. François est choqué. ....

7. Pierre est préoccupé. ....

8. Marc est excité. ....

(B) 3 La journaliste

Imaginez qu'une journaliste française visite votre campus. Vous êtes chargé(e) de cette visite, et vous lui posez certaines questions sur ce qu'elle veut faire. Complétez vos questions avec **Qui est-ce que** ou **Qu'est-ce que**.

VOUS	LA JOURNALISTE
1. .... vous voulez rencontrer?	Des étudiants.
2. .... vous voulez interviewer?	Le président de l'université.
3. .... vous voulez visiter?	Le stade.
4. .... vous voulez prendre en photo?	Les joueurs de football.
5. .... vous voulez filmer?	Un match de football.
6. .... vous voulez voir ensuite?	La bibliothèque (*library*).
7. .... vous voulez voir là-bas?	Le directeur de la bibliothèque.

(C) 4 Interview avec la journaliste

Après la visite, vous demandez à la journaliste ses impressions. Complétez vos phrases par **Qu'est-ce qui** ou **Qu'est-ce que**.

1. .... vous a intéressée?

2. .... vous a choquée?

3. .... vous avez aimé?

4. .... vous avez trouvé intéressant?

5. .... vous a surprise?

6. .... vous allez dire dans votre journal?

(C) 5 Préférences

Jacques pose à Suzanne des questions sur ses préférences. Complétez ses questions avec **Qui, Que** ou **Qu'**.

1. .... préfères-tu? Le théâtre ou le cinéma?

2. .... préfères-tu? Steinbeck ou Faulkner?

3. .... admires-tu le plus? Les artistes ou les hommes politiques?

4. .... admires-tu le plus chez un homme politique? L'intelligence ou l'honnêteté?

5. .... respectes-tu le plus chez un ami? La générosité ou la sincérité?

6. .... respectes-tu le plus? Les philanthropes ou les philosophes?

(C) 6 L'après-midi de Michel

Michel rentre. Sylvie lui pose des questions sur ce qu'il a fait cet après-midi. Complétez ses questions avec **Qui est-ce qui**, **Qu'est-ce qui**, **Qui est-ce que** ou **Qu'est-ce que**.

SYLVIE | MICHEL

1. ....tu as fait?   Je suis allé au cinéma.

2. ....tu as vu?   J'ai vu un western, puis je suis allé au café.

3. ....tu as vu là-bas?   Paul et Robert.

4. ....tu as rencontré ensuite?   Brigitte et Hélène.

5. .... vous avez fait ensuite?   Nous avons joué au tennis.

6. .... a joué avec toi?   Brigitte.

7. .... a gagné?   Hélène et Paul.

8. ....tu as dans ton sac?   Un roman.

9. .... a écrit ce roman?   Soljénitsyne.

10. .... te passionne dans ce roman?   Le style.

11. .... te choque dans ce roman?   L'histoire qui est décrite.

12. ....t'a prêté ce livre?   C'est Robert.

(D) 7 *Profil psychologique*

Vous voulez faire un profil psychologique des étudiants. Voici ce que vous voulez savoir. Soumettez vos questions à un sociologue en commençant chaque phrase par **Je voudrais savoir.**

> les choses qui motivent les étudiants   *Je voudrais savoir ce qui motive les étudiants.*

1. les choses qui les passionnent ....

2. les choses qui les intéressent ....

3. les choses qui les révoltent ....

4. les choses qui les dégoûtent ....

5. les choses qu'ils aiment ....

6. les choses qu'ils détestent ....

7. les choses qu'ils trouvent utiles ....

8. les choses qu'ils admirent ....

(D) 8 *Orientation professionnelle*

Imaginez que vous travaillez dans une société d'orientation professionnelle. Vous interviewez les personnes qui cherchent un travail. Commencez chaque question par **Dites-moi.**

> Qu'est-ce que vous voulez faire? *Dites-moi ce que vous voulez faire.*

1. Qu'est-ce que vous aimez faire? ....

2. Qu'est-ce qui vous intéresse? ....

3. Qu'est-ce que vous ne voulez pas faire? ....

4. Qu'est-ce qui compte le plus pour vous? ....

....

5. Qu'est-ce qui compte le moins? ....

6. Qu'est-ce que l'argent représente pour vous? ....

....

7. Qu'est-ce que vous cherchez dans une profession? ....

....

8. Qu'est-ce qui vous motive? ....

8 *Commentaires personnels*

Posez à un(e) ami(e) dix questions sur son système de valeurs personnelles. Commencez chaque question par un pronom interrogatif.

1. ....

2. ....

3. ....

4. ....

5. ....

6. ....

7. ....

8. ....

9. ....

10. ....

SEIZIEME UNITE

Leçon Quarante-six   A propos du journal

(A)   1   *L'anniversaire de Sylvie*

Dites ce que chaque personne offre à Sylvie à l'occasion de son anniversaire. Pour cela, complétez les phrases avec la forme appropriée du verbe **offrir**.

1. Nous lui ....des disques.

2. Je lui ....un pull-over.

3. Philippe lui ....un livre de poèmes.

4. Ses parents lui ....une guitare.

5. Vous lui ....un appareil-photo.

6. Tu lui ....un roman.

7. L'année dernière, je lui ....un livre.

8. Et vous, qu'est-ce que vous allez lui ....?

(B)   2   *Qui ou que?*

Complétez les phrases avec **qui** ou **que**.

1. Où est la revue ...

..................était sur la table?

..................j'ai achetée ce matin?

..................tu m'as prêtée?

..................a une couverture (*cover*) rouge et noire?

..................tu trouves idiote?

2. Comment s'appellent les filles ...

..................sont venues hier?

..................tu as invitées pour dimanche?

..................ont invité ta sœur à dîner?

..................ont téléphoné?

..................reviennent des Etats-Unis?

..................nous ont parlé de leur voyage?

(C) *3* *Au choix*

Philippe et Sylvie sont en ville. Philippe propose à Sylvie le choix entre certaines choses. Complétez ces choix d'après le modèle.

> A quel cinéma veux-tu aller?   *Celui-ci ou celui-là?*

1. Quel film veux-tu voir? ....

2. A quelle pièce de théâtre aimerais-tu aller? ....

3. Quels magasins t'intéressent? ....

4. Quelles boutiques veux-tu voir? ....

5. Quels magazines veux-tu acheter? ....

6. Quelles revues veux-tu lire? ....

7. Quel restaurant préfères-tu? ....

8. Dans quels magasins veux-tu aller? ....

(D) *4* *Emprunts*   *(Loans)*

Sylvie a déménagé (*moved out*). En attendant d'être installée dans son nouvel appartement, elle emprunte (*borrows*) certaines choses à des amis. Dites à qui, d'après le modèle.

> Sylvie n'a pas sa radio.   *Elle emprunte celle de* Claire.

1. Elle n'a pas sa bicyclette. ....Janine.

2. Elle n'a pas son électrophone. ....Pierre.

3. Elle n'a pas sa télé. ....Brigitte.

4. Elle n'a pas ses disques. ....Michèle.

5. Elle n'a pas ses robes. ....Françoise.

6. Elle n'a pas son appareil-photo. ....André.

7. Elle n'a pas ses livres. ....Roger.

8. Elle n'a pas sa guitare. ....Monique.

(D) 5 *Honneur local*

Un jeune homme de Lyon rend visite à une jeune fille de Strasbourg. La jeune fille lui parle des spécialités de sa ville. Le jeune homme n'est pas convaincu (*convinced*). Transcrivez ses réponses d'après le modèle.

> L'université de Strasbourg est très réputée. *Je préfère celle de Lyon.*

LA JEUNE FILLE   LE JEUNE HOMME

1. La cuisine de Strasbourg est remarquable. ....

2. Les restaurants de Strasbourg sont bons. ....

3. Les vieilles maisons de Strasbourg sont pittoresques. ....

4. Le climat de Strasbourg est excellent. ....

5. Les traditions de Strasbourg sont très anciennes. ....

6. L'hospitalité de Strasbourg est remarquable. ....

(E) 6 *La conférence internationale*

Supposez que vous êtes le (la) délégué(e) de votre université à une conférence internationale d'étudiants. Vous rencontrez une étudiante française et vous lui posez certaines questions. Complétez ces questions par la forme appropriée de **celui que** ou de **celui qui.** (Note: **parmi** = *among.*)

1. Parmi les journaux français, quel est ...

.... est le plus à gauche?

.... est le plus à droite?

...................................tu lis?

...................................tu recommandes?

...................................les étudiants préfèrent?

2. Parmi les grands problèmes d'aujourd'hui, quels sont ...

...................................sont communs à la France et aux Etats-Unis?

...................................tu trouves insolubles?

...................................tu considères comme très dangereux?

...................................préoccupent les étudiants français?

...................................il faut résoudre immédiatement?

3. Parmi les personnalités politiques françaises, quelles sont ...

.... sont hostiles aux Etats-Unis?

.... sont favorables aux Etats-Unis?

.... tu admires?

.... tu n'aimes pas?

.... sont les plus populaires?

7   Commentaires personnels

Complétez les phrases en exprimant une opinion personnelle.

1. J'admire les gens qui ....

   mais je n'admire pas ceux qui ....

2. J'achète parfois des livres qui ....

   Je n'achète jamais ceux qui ....

3. Parmi mes amis, il y en a qui ....

   et il y en a que ....

Leçon Quarante-sept   Réflexions sur l'Amérique

(A)   *1*   *Opinions personnelles*

Dites si vous avez beaucoup d'admiration pour les choses ou les sujets suivants. Pour cela, complétez les phrases d'après le modèle. (Attention: la forme du pronom **lequel** dépend de l'antécédent de ce pronom.)

> La France est un pays *pour lequel j'ai (je n'ai pas) beaucoup d'admiration.*

1. L'Angleterre est un pays ....

....

2. Le Japon et la Chine sont des pays ....

....

3. La culture française est une culture ....

....

4. La littérature française est une littérature ....

....

5. La patience et la générosité sont des qualités ....

....

6. L'hindouisme et le bouddhisme sont des religions ....

....

7. Le capitalisme est un système économique ....

....

8. La dictature et le despotisme sont des systèmes politiques ....

....

(A)   *2*   *Sujets de réflexion*

Dites si vous réfléchissez ou non aux choses suivantes. (Avant de choisir la forme appropriée de **auquel,** faites attention à l'antécédent.)

> La crise de l'énergie est un problème *auquel je (ne) réfléchis (jamais).*

1. La justice est une question ....

2. Mon avenir est un sujet ....

3. La pollution est un problème ....

4. Les relations familiales sont une chose ....

5. La politique est un thème ....

6. Mes études et ma profession sont des questions ....

7. La musique et la littérature sont des sujets ....

8. Le racisme et l'intolérance sont des problèmes ....

(A) 3 Sujets d'intérêt

Dans chacune des catégories suivantes, dites ce qui vous intéresse le plus.

> *La justice* est le problème *auquel je m'intéresse le plus.*

1. .... sont les sports ....

2. .... est l'art ....

3. .... est le spectacle ....

4. .... est la science ....

5. .... est la forme de littérature ....

6. .... est la forme de musique ....

(A) 4 Le bureau de Jacques

Jacques est un journaliste français. Il vous invite à visiter son bureau. Complétez ses phrases avec le pronom **qui** ou la forme appropriée du pronom **lequel** et l'expression **je travaille.**

> Voici le journal pour *lequel je travaille.*

1. Voici une journaliste avec ....

2. Voici l'immeuble dans ....

3. Voici le bureau dans ....

4. Voici le reporter avec ....

5. Voici les photographes avec ....

6. Voici un article sur ....

7. Voici une histoire sur ....

8. Voici le directeur pour ....

(A) 5 *La visite de Paris*

Imaginez que vous visitez Paris avec un ami français. Vous lui demandez le nom de certains monuments ou de certains endroits. Complétez vos questions en utilisant la locution prépositive entre parenthèses et le pronom **lequel.** (N'oubliez pas de faire la forme contractée de ce pronom.)

> (à côté de) Comment s'appelle le monument *à côté duquel* nous sommes?

1. (à côté de) Comment s'appelle le musée ....nous nous trouvons?

2. (à côté de) Comment s'appelle la statue ....nous sommes?

3. (en face de) Comment s'appelle l'église...nous sommes?

4. (en face de) Comment s'appellent les monuments ....nous nous trouvons?

5. (en face de) Comment s'appellent les statues ....nous sommes?

6. (près de) Comment s'appelle le quartier...nous sommes?

7. (près de) Comment s'appelle le parc ....nous sommes?

8. (près de) Comment s'appellent les magasins...nous allons passer?

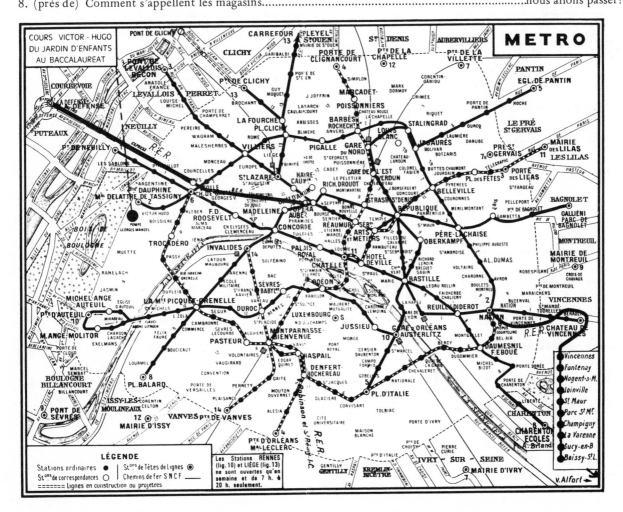

6 *Généralisations*

Voici certaines généralisations. Mettez en doute (*challenge*) ces généralisations d'après le modèle.

> Les Français sont intelligents.   *Est-ce que tous les Français sont vraiment intelligents?*

1. Les Françaises sont élégantes. ....

....

2. Les Américains sont sportifs. ....

....

3. Les Américaines sont jolies. ....

....

4. Les Italiens aiment la musique. ....

....

5. La littérature française est intéressante. ....

....

6. La politique française est absurde. ....

....

7. L'art moderne est superbe. ....

....

8. Les généralisations sont idiotes. ....

....

7   *Commentaires personnels*

Donnez vos impressions de la France en complétant vos phrases avec une préposition suivie d'un pronom relatif.

1. La France est un pays...

2. Les Français sont des gens...

3. La société française est une société...

4. L'histoire française est une histoire...

Leçon Quarante-huit   Relations familiales

(A)   1   *Besoins*

Avez-vous besoin des choses suivantes? Exprimez votre opinion d'après le modèle.

> les diplômes   *Les diplômes sont des choses dont j'ai (je n'ai pas) besoin.*

1. l'argent ....

2. une voiture ....

3. la musique ....

4. la tranquillité ....

5. l'amitié (*friendship*) ....

6. les bonnes notes ....

(A)   2   *Précisions*

Quand Jacques parle à Sylvie, il n'est jamais très précis. Sylvie pose des questions pour obtenir des précisions.
Complétez ses questions d'après le modèle.

> J'ai besoin d'une chose.   Quelle est la chose *dont tu as besoin?*

JACQUES	SYLVIE
1. J'ai besoin d'un livre.	Quel est le livre...?
2. J'ai envie d'un disque.	Quel est le disque..?
3. Je rêve d'une voiture.	Quelle est la voiture...?
4. Je suis amoureux d'une fille.	Qui est la fille...?
5. J'ai discuté de problèmes.	Quels sont les problèmes ....?
6. J'ai parlé d'un projet.	Quel est le projet..?
7. Je suis sûr d'une chose.	Quelle est la chose..?
8. J'ai fait la connaissance de personnes.	Qui sont les personnes...

....? |

(B) 3　　*Rendez à César...*

Identifiez chaque œuvre (*work*) de la colonne A en indiquant son auteur d'après le modèle.

A

La Mona Lisa
La Symphonie Héroïque
Oklahoma
Jules César
Crime et Châtiment
Le Capital

B

Beethoven
Shakespeare
Karl Marx
Léonard de Vinci
Dostoïevski
Rodgers et Hammerstein

> *La Mona Lisa* est une peinture *dont l'auteur est Léonard de Vinci.*

1. .... est une symphonie ....

2. .... est une comédie musicale ....

3. .... est une pièce de théâtre..

4. .... est un roman ....

5. .... est un essai politique ....

(B) 4　　*Opinions personnelles*

Admirez-vous les personnes suivantes et leurs créations? Exprimez vos opinions personnelles.

> (les films) John Wayne est un acteur *dont j'admire (je n'admire pas) les films.*

1. (les films) Raquel Welch est une actrice ....

2. (les compositions) Andy Warhol est un artiste..

3. (la musique) Tchaikowski est un compositeur ....

4. (les pièces) Arthur Miller est un auteur dramatique ....

5. (les chansons) Les Beatles sont des musiciens ....

6. (les idées) Marcuse est un philosophe..

5　　*Commentaires personnels*

Faites un commentaire sur quatre personnes célèbres. Utilisez le pronom **dont** dans chacune de vos phrases.

1. ....

2. ....

3. ....

4. ....

Leçon Un

		A	B			A	B
Activités 5,6		*Paul*	*Elisabeth*			*Une personne*	*Un groupe*
	1	——	——		1	——	——
	2	——	——		2	——	——
	3	——	——		3	——	——
	4	——	——		4	——	——
	5	——	——		5	——	——
	6	——	——		6	——	——
	7	——	——		7	——	——
	8	——	——		8	——	——

Activité 7

1. Jacques.....................................à Québec.

2. Paul et Philippe ....à Montréal.

3. Nous.....................................en Louisiane.

4. Vous.....................................la Nouvelle-Orléans.

5. Tu.....................................français.

6. Sylvie.....................................le français.

7. Henri.....................................jouer au tennis.

8. Il déteste..................................... .

Leçon Deux

		A	B
Activité 5		*Oui*	*Non*
	1	——	——
	2	——	——
	3	——	——
	4	——	——
	5	——	——
	6	——	——
	7	——	——
	8	——	——
	9	——	——
	10	——	——

Activité 6

—Où.........................Jacqueline?

—Elle.........................en Afrique.........................Paul.

—Ils.........................à Dakar?

—Non, ils.........................à Dakar. Ils visitent Abidjan.

—.........................Jacqueline aime voyager?

—Oui, elle aime voyager.

—Et Paul?

—Il.........................voyager.

Leçon Trois

Activité 5

	A	B
	Déclaration	*Question*
1	___	___
2	___	___
3	___	___
4	___	___
5	___	___
6	___	___
7	___	___
8	___	___
9	___	___
10	___	___

Activité 6

—.........................est Sylvie?

—Elle est à Québec.

—.........................est-ce qu'elle arrive en France?

—En septembre, je pense.

—.........................?

—Avec Suzanne.

—.........................elles comptent rester à Paris?

—Oui, bien sûr.

—.........................?

—Parce qu'elles veulent étudier à l'Alliance Française.

Leçon Quatre

	A	B
	Un homme	*Une femme*

Activité 5

	A	B
1	——	——
2	——	——
3	——	——
4	——	——
5	——	——
6	——	——
7	——	——
8	——	——

Activité 6

—Je compte voyager en France.

—Tu.....................................voiture?

—Non, je n'.................................pas.................................voiture, mais j'.................................ami

qui.................................moto.

—.................................?

—C'est Paul Lavoie. Nous comptons visiter Paris en septembre.

—Vous.................................amis là-bas?

—Nous.................................une................................. .

—Elle est.................................?

—Non, elle est photographe.

Leçon Cinq

Activité 6

1.	5	15	50	rue de Buci	6.	23	31	32	rue de Tocqueville
2.	3	13	15	rue de Sèvres	7.	44	54	64	avenue Kléber
3.	2	12	16	avenue du Maine	8.	26	28	38	boulevard Malesherbes
4.	8	17	18	boulevard Raspail	9.	2	10	12	rue Lepic
5.	24	25	52	avenue Victor-Hugo	10.	68	69	70	rue Duroc

Activité 7

—Est-ce que tu veux jouer au tennis?

—Quand?

—.............................!

—Impossible, j'ai rendez-vous avec Martine.

—A ....heure?

—A ....heures........................... .

—Il est ....heures................................... . Tu as le ....!

—C'est vrai, mais je ne veux pas être................................. .

Leçon Six

	A	B
Activité 3	*Ami(s)*	*Amie(s)*
1	——	——
2	——	——
3	——	——
4	——	——
5	——	——
6	——	——
7	——	——
8	——	——

Activité 4

—Tiens, voilà Barbara.

—Elle est................................! Qui est-ce?

—Une étudiante très................................. .

—...........................ou...............................?

—.................................!

—Tu parles...........................maintenant?

—Mais non,........................... ! Nous parlons...............................ensemble!

Leçon Sept

Activité 5

	A *Un homme*	B *Une femme*	C *Des personnes*
1	____	____	____
2	____	____	____
3	____	____	____
4	____	____	____
5	____	____	____
6	____	____	____
7	____	____	____
8	____	____	____
9	____	____	____
10	____	____	____

Activité 6

—Qu'est-ce que vous .... ?

—J' .... le journal.

—Pour les .... annonces?

—Non! Pour .... programmes de cinéma.

—Vous aimez .... cinéma?

—Ça dépend! J'aime .... westerns, mais je déteste les .... musicales.
Et vous?

—Je .... le ....

Leçon Huit

Activités 6, 7

	A *Présent*	B *Futur*		A *Un homme*	B *Une femme*
1	____	____	1	____	____
2	____	____	2	____	____
3	____	____	3	____	____
4	____	____	4	____	____
5	____	____	5	____	____
6	____	____	6	____	____
7	____	____	7	____	____
8	____	____	8	____	____
9	____	____			
10	____	____			

Activité 8

—Où ....-tu, Eric? ....piscine ou ....cinéma?

—Je vais..............................café.

—................................café ....Poste?

—Non, ...café ....Musée.

—Est-ce que Sylvie ....avec vous?

—Non, elle est................................avec Jacques. Ensuite ils ....dîner

en.................................. .

Leçon Neuf

	A	B			A	B
Activités 5, 6	Question	Suggestion			Un objet	Des objets
	1 ———	———		1	———	———
	2 ———	———		2	———	———
	3 ———	———		3	———	———
	4 ———	———		4	———	———
	5 ———	———		5	———	———
	6 ———	———		6	———	———
	7 ———	———		7	———	———
	8 ———	———		8	———	———
	9 ———	———		9	———	———
	10 ———	———		10	———	———

Activité 7

—Regarde.................................fille!

—.................................fille?

—.................................fille-.................................. .

—Qui est-ce?

—.................................l'amie de Jacqueline. Elles vont aller ensemble ....Canada.

—Quand?

—.................................été!

QUATRIEME UNITE

Leçon Dix

Activités 6, 7

					A	B
					A la maison	*En visite*

1.	16	60	76	rue de la Pompe	1	_____	_____
2.	51	61	71	rue Daru	2	_____	_____
					3	_____	_____
3.	60	66	70	avenue Daumesnil	4	_____	_____
4.	88	89	98	boulevard des Italiens	5	_____	_____
					6	_____	_____
5.	80	82	92	rue Sedaine	7	_____	_____
6.	60	69	79	rue de la Boétie	8	_____	_____
					9	_____	_____
					10	_____	_____

Activité 8

—Allô, c'est ...., Jacques?

—Oui, c'est .... !

—Est-ce que Paul est .... ?

—Non, il est ....des amis. Il va dîner ....

—Quel est le numéro de téléphone de ces amis?

—C'est le dix-huit, ...-quatre, quatre-...................................dix-neuf.

—Merci!

Leçon Onze

Activité 5

1.	100	1.000	8.000
2.	100	120	210
3.	300	1.300	3.000
4.	50	150	1.500
5.	2.000	6.000	10.000
6.	8.000	18.000	80.000
7.	100	500	1.600
8.	1.000	2.000	20.000

Activité 6

—Regarde cette voiture.....................! Qu'est-ce que c'est?

—C'est une Matra-Simca.

—Est-ce que c'est...?

—Non, elle n'..........................pas à........................... . Elle est........................cousin de Maurice.

—Combien coûte une voiture comme ça?

—Probablement cinquante ou...francs!

Leçon Douze

Activité 6

	A *Propriétaire*	B *Emprunteur*
1	____	____
2	____	____
3	____	____
4	____	____
5	____	____
6	____	____
7	____	____
8	____	____
9	____	____
10	____	____
11	____	____
12	____	____

Activité 7

—Qu'est-ce que tu.......................?

—Je..........................budget pour l'été.

—Qu'est-ce que tu vas.......................?

—Je vais aller au Canada.

—Avec.......................amie Jacqueline?

—Non, elle, elle va aller chez....................... .

—Où habitent-ils?

—A Paris, mais ils passent.......................vacances en Provence dans.......................villa!

CINQUIEME UNITE

Leçon Treize

	A	**B**
Activité 6	*Philippe*	*Le temps*

	A	B
1	———	———
2	———	———
3	———	———
4	———	———
5	———	———
6	———	———
7	———	———
8	———	———

Activité 7

—Qu'est-ce que vous .... ?

—Je vais .... fromage et ensuite .... glace.

—Et toi, Nicole?

—Merci, je ne prends jamais .... fromage et je ne veux pas .... glace.

  As-tu .... melon?

—Bien sûr, voilà .... melon. Et voilà aussi ...., si tu veux.

Leçon Quatorze

	A	**B**
Activité 5	*La totalité*	*Une partie*

	A	B
1	———	———
2	———	———
3	———	———
4	———	———
5	———	———
6	———	———
7	———	———
8	———	———
9	———	———
10	———	———
11	———	———
12	———	———

Activité 6

—Qu'est-ce que vous..? ....coca-cola ou........................limonade?

—Je préfère........................coca-cola.

—Et Chantal, elle........................aussi du coca-cola?

—Non, elle n'aime pas........................boissons gazeuses.

—Alors, voilà........................eau minérale pour elle.

—Elle déteste........................eau minérale.

Leçon Quinze

Activité 5

—Est-ce que tes amies aiment la sangria?

—Oui, ...

—Bon! Je vais........................une sangria pour la surprise-partie.

—Qu'est-ce qu'il........................ ?

—........................vin et........................jus d'orange.

—........................ vin?

—Oui, ... Tiens. Voilà ma sangria. Essaie........................ .

—Br . . . Il y a........................vin dans cette sangria . . . et........................de jus d'orange.

Leçon Seize

Activité 6

1.	2	10	12	janvier	5.	1	5	20	décembre
2.	1	10	11	juin	6.	2	12	20	novembre
3.	3	13	30	juillet	7.	2	12	22	mars
4.	8	18	28	octobre	8.	4	11	14	juillet

Activité 7

	A Déclaration	B Question		A Déclaration	B Question
1	_____	_____	5	_____	_____
2	_____	_____	6	_____	_____
3	_____	_____	7	_____	_____
4	_____	_____	8	_____	_____

Activité 8

—Qu'est-ce que tu.............................faire cet été?

—J'.........................l'intention d'aller au Canada.

—Tu................de la chance! Quand est-ce que tu pars?

—................3............... . Et toi, qu'est-ce que

tu...............l'intention de faire pendant les vacances?

—J'.........................d'argent. Je.............travailler. Et

avec mon argent, j'ai...................d'acheter une moto.

—Quel âge ....?

—Seize ans.

—Tu.............trop jeune pour.....................une moto!

Leçon Dix-sept

Activités 5, 6

	A Présent	B Passé		A Déclaration	B Question
1	_____	_____	1	_____	_____
2	_____	_____	2	_____	_____
3	_____	_____	3	_____	_____
4	_____	_____	4	_____	_____
5	_____	_____	5	_____	_____
6	_____	_____	6	_____	_____
7	_____	_____	7	_____	_____
8	_____	_____	8	_____	_____
9	_____	_____			
10	_____	_____			
11	_____	_____			
12	_____	_____			

Activité 7

1. Nous..voyagé.

2. J'..................passé le mois de juillet en France.

3. .... -tu visité la Provence?

4. Vous..Paris?

5. ....-vous..................... à Bordeaux?

6. Hélène..français.

7. Pierre et Sylvie.............................du vin français.

8. Vous ....les Français très sympathiques?

9. J'................................. beaucoup de photos.

10. ....beaucoup d'argent?

11. Nous.............................. de souvenirs.

12. Je.....................................la Normandie.

Leçon Dix-huit

Activités 6, 7

	A	B		A	B
	Présent	*Passé*		*Passé*	*Futur*
1	——	——	1	——	——
2	——	——	2	——	——
3	——	——	3	——	——
4	——	——	4	——	——
5	——	——	5	——	——
6	——	——	6	——	——
7	——	——	7	——	——
8	——	——	8	——	——
9	——	——	9	——	——
10	——	——	10	——	——
11	——	——			
12	——	——			

Activité 8

1. Je.......................allé en Normandie.

2. Nous..........................arrivés le 4 juillet.

3. Vous êtes..........................le 5 août.

4. Hélène ....à Bordeaux.

5. Paul..........................à Marseille.

6. Henri et Philippe..........................en Provence.

7. Sylvie et Suzanne .... en Alsace.

8. Mes cousins..........................à Paris.

9. Marc..........................de Toulouse.

10. Nous.............................. de Montpellier.

11. Vous..........................de Dijon.

12. Vous..........................passer un mois là-bas.

Leçon Dix-neuf

	A	B
	Présent	Passé

Activité 5

	Présent	Passé
1	——	——
2	——	——
3	——	——
4	——	——
5	——	——
6	——	——
7	——	——
8	——	——
9	——	——
10	——	——

Activité 6

—Qui.............................-vous?

—J'.........................Paul.

—Qu'est-ce qu'il fait?

—Il.........................l'examen d'anglais.

—Est-ce qu'il va être.........................?

—Oui, je pense. Quand.........................étudie, ...

—Et vous, est-ce que vous avez.........................à cet examen?

—Non, je n'ai pas.........................et je n'ai pas bien.........................aux questions!

Leçon Vingt

Activité 4

	A	B	C
	Philippe	Annie	Jacques et Pierre
1	——	——	——
2	——	——	——
3	——	——	——
4	——	——	——
5	——	——	——
6	——	——	——
7	——	——	——
8	——	——	——

Activité 5

—Qu'est-ce que tu penses de Paul?

—Je .... trouve assez ordinaire.

—Tu as rencontré sa sœur Annie?

—Oui, je .... ai .... la semaine dernière.

 Elle, je .... trouve très sympathique.

—Tu vas .... inviter à ta surprise-partie?

—Je .... ai déjà ....

—Et ses amies?

—Je .... ai .... aussi.

Leçon Vingt et un

		A	B			A	B
Activité 4		*Sylvie*	*Marc et Eric*			*Sylvie*	*Marc et Eric*
	1	———	———		5	———	———
	2	———	———		6	———	———
	3	———	———		7	———	———
	4	———	———		8	———	———

Activité 5

—Prête- .... dix francs.

—Mais je .... ai prêté dix francs hier.

—Je .... ai dépensés.

—Eh bien, demande de l'argent à tes parents.

—Je ne .... demande jamais rien.

—Alors, téléphone à ton frère et demande- .... de .... prêter dix francs.

—Je .... ai téléphoné, mais il n'est pas à la maison.

—Et ta sœur?

—Je .... ai déjà demandé. Elle est fauchée.

—Bon. Je .... donne dix francs si tu .... prêtes ta guitare.

—D'accord, ... voilà!

Leçon Vingt-deux

	A *Le sujet*	B *Une personne différente*
Activité 4		

	A *Le sujet*	B *Une personne différente*
1	——	——
2	——	——
3	——	——
4	——	——
5	——	——
6	——	——
7	——	——
8	——	——
9	——	——
10	——	——
11	——	——
12	——	——

Activité 5

—Est-ce que Paul est au cinéma?

—Non, il n'.......................est pas. Il est chez lui. Il ....habille et ....prépare.

—Pour la surprise-partie?

—Oui, il...................................avec nous. Et toi, est-ce que ....prépares?

—Non, je ....

—Pourquoi pas?

—Parce que je ne suis pas invité.

Leçon Vingt-trois

	A *Le sujet*	B *Une personne différente*
Activité 5		

	A *Le sujet*	B *Une personne différente*
1	——	——
2	——	——
3	——	——
4	——	——
5	——	——
6	——	——
7	——	——
8	——	——
9	——	——
10	——	——
11	——	——
12	——	——

Activité 6

1. Je m'..................................... .

2. Pourquoi est-ce que .... ?

3. Jacqueline.......................................promène.

4. Où est-ce que tes amies.. ?

5. Tu.......................................impatientes.

6. Marc ....

7. Nous...........................moquons de nos professeurs.

8. Vous, vous.. d'eux.

9. Je.......................................demande pourquoi

Hélène ne.........................intéresse pas à ses études.

10. Est-ce que vous ....pourquoi

je .... à l'art moderne?

Leçon Vingt-quatre

Activités 5, 6

	A	B			A	B
	Question	Suggestion			Présent	Passé
1	———	———		1	———	———
2	———	———		2	———	———
3	———	———		3	———	———
4	———	———		4	———	———
5	———	———		5	———	———
6	———	———		6	———	———
7	———	———		7	———	———
8	———	———		8	———	———
9	———	———		9	———	———
10	———	———		10	———	———
				11	———	———
				12	———	———

Activité 7

1. Mets-..................................ici.

2. Ne...........................pas là-bas.

3. Occupe-...........................de tes études.

4. .... de ce projet.

5. .... de nos vacances.

6. Je me...........................acheté des jeans.

7. Hélène s'est...................................une jupe.

8. Nous ....
des lunettes de soleil.

9. Suzanne...........................ennuyée en classe.

10. Elle ne...
avec nous.

11. Marc et Philippe ....
pendant les vacances.

12. Sylvie et Monique ....
en France.

Leçon Vingt-cinq

	A	B	C
Activité 6	*Vouloir*	*Pouvoir*	*Devoir*

	A	B	C
1	_____	_____	_____
2	_____	_____	_____
3	_____	_____	_____
4	_____	_____	_____
5	_____	_____	_____
6	_____	_____	_____
7	_____	_____	_____
8	_____	_____	_____
9	_____	_____	_____
10	_____	_____	_____

Activité 7

—Est-ce que tu .... aller au cinéma avec nous?

—Je .... bien, mais je ne .... pas. Je .... étudier.

—Et ta sœur, est-ce qu'elle .... sortir avec nous?

—Elle .... Elle .... aider ma mère.

—Et demain, est-ce que vous .... venir?

—Hélas, non! Nous .... rendre visite à mon oncle et ensuite

nous .... aller à un concert.

Leçon Vingt-six

	A	B
Activité 4	*Présent*	*Futur*

	A	B
1	_____	_____
2	_____	_____
3	_____	_____
4	_____	_____
5	_____	_____
6	_____	_____
7	_____	_____
8	_____	_____
9	_____	_____
10	_____	_____
11	_____	_____
12	_____	_____
13	_____	_____
14	_____	_____

Activité 5

—Tu.............................chez toi cet été?

—Non, je ne.............................pas chez moi. Je vais travailler avec mon cousin.

—Où.............................-vous?

—Nous.............................en Californie.

—Où.............................-vous?

—Je.............................dans un laboratoire et mon cousin.............................dans une ferme.

—Est-ce que vous.............................l'argent que vous............................. ?

—Non, quand.............................assez d'argent, j'.............................une moto.

—Et ton cousin?

—Il.............................une vieille voiture . . . s'il.............................assez d'argent.

Leçon Vingt-sept

Activité 6

		A	B			A	B
		Présent	*Futur*			*Présent*	*Futur*
	1	——	——		7	——	——
	2	——	——		8	——	——
	3	——	——		9	——	——
	4	——	——		10	——	——
	5	——	——		11	——	——
	6	——	——		12	——	——

Activité 7

—Est-ce que tu.............................que tu iras en France cet été?

—Je ne.............................pas. Je ne.............................pas comment je.............................gagner assez d'argent.

—Qu'est-ce que tu.............................alors?

—J'.............................chez mes cousins ou bien ils.............................chez moi.

—Vous vous.............................souvent?

—Oui, nous nous.............................assez régulièrement.

—Qu'est-ce que vous.............................ensemble?

—Nous.............................probablement du camping.

—Vous.............................qu'il.............................assez beau pour ça?

—Oui, je suis toujours optimiste.

Leçon Vingt-huit

	A *François*	B *Isabelle*
Activité 5		
1	———	———
2	———	———
3	———	———
4	———	———
5	———	———
6	———	———
7	———	———
8	———	———
9	———	———
10	———	———
11	———	———
12	———	———

Activité 6

1. Paul est ....

2. Henri et Marc ne sont pas ....

3. Jacqueline est ....

4. Ses cousines sont .... aussi.

5. Michèle est très ....

6. Philippe et Denis ne sont pas ....

7. Suzanne est ....

8. Ses frères sont ....

9. Voici un garçon très ....

10. Voici des filles ....

11. Ce sont des garçons assez ....

12. Annie est assez ....

Leçon Vingt-neuf

Activité 3

	A Comparaison	B Pas de comparaison
1	___	___
2	___	___
3	___	___
4	___	___
5	___	___
6	___	___
7	___	___
8	___	___
9	___	___
10	___	___

Activité 4

—Es-tu ....jeune que Sylvie?

—Non, elle est ....que ...., mais je suis ....grand qu'............... .

—C'est une fille sympathique?

—Oui, c'est ....de mes amies. C'est aussi elle

qui est ....et qui a ....d'humour.

—Tu es ....qu'elle?

—Je n'ai pas dit cela. Disons qu'elle est ....que moi

et que j'ai ....d'humour qu'elle.

Leçon Trente

Activité 6

1. Voici le garçon ....amoureux de Sylvie.

2. Voici la fille ....amoureuse de Paul.

3. Qui est la fille ....se marier avec André?

4. Qui sont les personnes ....a invitées?

5. Où est la voiture ....a achetée?

6. Voici la fille ....j'ai rencontrée à Paris.

7. Voici les livres ....nous avons achetés en France.

8. Est-ce vous ....l'ami de Marc?

ONZIEME UNITE

Leçon Trente et un

		A	B
		Présent	*Imparfait*
	1	____	____
	2	____	____
	3	____	____
	4	____	____
	5	____	____
	6	____	____
	7	____	____
	8	____	____
	9	____	____
	10	____	____
	11	____	____
	12	____	____

Activité 4

Activité 5

—Vous.....................................chez vous hier?

—Non, mes frères.....................................au cinéma.

—Et toi?

—J'.....................................à la campagne avec des copains. Nous.....................................faire du camping.

—Il.....................................beau?

—Hélas, non. Le temps.....................................extraordinaire.

Leçon Trente-deux

		A	B
		Evénement spécifique	*Evénement habituel*
	1	____	____
	2	____	____
	3	____	____
	4	____	____
	5	____	____
	6	____	____
	7	____	____
	8	____	____
	9	____	____
	10	____	____
	11	____	____
	12	____	____

Activité 6

Activité 7

—............................-vous Henri?

—Je le............................ et mes amis le............................,............................ aussi.

—Vous............................ où il habite ?

—Oui, voici son adresse: 2, avenue Victor-Hugo.

—C'est là où il............................ autrefois. Est-ce que vos amis............................ sa nouvelle adresse ?

—Je............................ .

Leçon Trente-trois

	A	**B**
Activité 4	*Circonstance*	*Evénement principal*
1	____	____
2	____	____
3	____	____
4	____	____
5	____	____
6	____	____
7	____	____
8	____	____
9	____	____
10	____	____
11	____	____
12	____	____
13	____	____
14	____	____

Activité 5

1. Nous avons............................ Marseille.

2. Nous............................ Paris l'année précédente.

3. Nous............................ l'Alsace.

4. Jacqueline............................ allée en Normandie.

5. Elle............................ en Italie.

6. Elle............................ en Angleterre.

7. Marc et Paul............................ en Grèce.

8. Leurs sœurs............................ au Portugal.

Leçon Trente-quatre

Activité 6

	A	B
	L'action continue	*L'action est terminée*
1	———	———
2	———	———
3	———	———
4	———	———
5	———	———
6	———	———
7	———	———
8	———	———
9	———	———
10	———	———
11	———	———
12	———	———

Activité 7

—Vous avez toujours ....à Paris?

—Non, je ....là-bas ....trois ans seulement.

—Vous...................................avec vos parents?

—Non, mes parents ne ....pas à Paris.

—Où habitent-ils?

—A Grenoble. Ils ....là-bas ....mon père...................................sa promotion.

Leçon Trente-cinq

Activité 5

	A	B
	Restriction	*Pas de restriction*
1	———	———
2	———	———
3	———	———
4	———	———
5	———	———
6	———	———
7	———	———
8	———	———
9	———	———
10	———	———

Activité 6

—Faites-vous du tennis?

—..............................fais de temps en temps.

—Et du ski?

—Je....................................fais jamais.

—Mais votre frère....................................souvent?

—Lui, il a le temps. Il a des vacances en hiver.

—Et vous?

—Moi,....................................ai pas. Et je....................................trois semaines de vacances en été.

Leçon Trente-six

Activité 5

	A *Certitude*	B *Hypothèse*
1	____	____
2	____	____
3	____	____
4	____	____
5	____	____
6	____	____
7	____	____
8	____	____
9	____	____
10	____	____
11	____	____
12	____	____

Activité 6

—Qu'est-ce que tu....................................si tu n'....................................pas étudiant?

—Je....................................ou bien je....................................journaliste.

—Et qu'est-ce que tu....................................quand tu ne....................................plus étudiant?

—Je....................................et, si j'....................................de la chance, je....................................journaliste.

Leçon Trente-sept

Activité 5

1. ....-vous voter?

2. Espérez-vous.................................en France?

3. ....-vous.................................italien?

4. ....-vous beaucoup.................................?

5. Avez-vous.................................jouer du piano?

6. Avez-vous.................................faire de la politique?

7. ....-vous.................................à l'université?

8. Avez-vous.................................de.................................?

9. Avez-vous.................................de.................................?

10. Avez-vous.................................de.................................à vos examens?

Leçon Trente-huit

Activité 5

1. Réfléchissez-vous.................................prendre des décisions?

2. Allez-vous à l'université.................................avoir un diplôme?

3. Réussissez-vous.................................trop travailler?

4. Est-ce que vous vous amusez.................................penser à vos études?

5. Qu'est-ce que vous faites.................................un examen?

6. Qu'est-ce que vous faites.................................vous amuser?

7. Est-ce que vous.................................attendre vos amis parfois?

8. Est-ce que vos amis vous.................................?

9. Est-ce que l'avenir vous.................................réfléchir?

10. Est-ce que vos professeurs vous.................................?

Leçon Trente-neuf

Activité 4

1. Est-ce que ce livre est .... ?

2. Est-ce que ces personnes sont .... ?

3. Voici une réflexion ....

4. Ce sont des expériences ....

5. Voici une révélation ....

6. J'étudie ....la radio.

7. J'ai rencontré Marc ....au café.

8. Hélène a vu Paul ....à l'université.

9. ....que vous réussirez.

10. ....français que vous améliorerez votre accent.

Leçon Quarante

Activités 4, 5

	A	B			A	B
	Je sais…	*Je veux…*			*Le sujet*	*Une personne différente*
1	____	____		1	____	____
2	____	____		2	____	____
3	____	____		3	____	____
4	____	____		4	____	____
5	____	____		5	____	____
6	____	____		6	____	____
7	____	____		7	____	____
8	____	____		8	____	____
9	____	____		9	____	____
10	____	____		10	____	____
11	____	____		11	____	____
12	____	____		12	____	____
				13	____	____
				14	____	____

Activité 6

—Je souhaite que tu .... l'anglais.

—Ecoute, Papa. Si tu veux que j' .... l'anglais, il faut que vous me ....
un voyage aux Etats-Unis.

—Il n'est pas indispensable que tu .... l'été aux Etats-Unis, mais nous voulons bien te ....

un voyage en Angleterre. Il .... que tu étudies sérieusement. Il faudra aussi que tu ....

régulièrement, et que tu .... à nos lettres. D'accord?

—D'accord!

Leçon Quarante et un

Activité 4

	A	B	C
	Passé	*Présent*	*Futur*
1	____	____	____
2	____	____	____
3	____	____	____
4	____	____	____
5	____	____	____
6	____	____	____
7	____	____	____
8	____	____	____
9	____	____	____
10	____	____	____
11	____	____	____
12	____	____	____

	A	B		A	B
Activité 5	Le sujet	Une personne différente		Le sujet	Une personne différente
1	————	————	6	————	————
2	————	————	7	————	————
3	————	————	8	————	————
4	————	————	9	————	————
5	————	————	10	————	————

Activité 6

—Où est Jacques?

—Je ne crois pas qu'il ....chez lui. Il ....probablement à l'université.

Je pense qu'il ....un examen.

—Je doute qu'il ....un examen. Il n'y a jamais d'examen le samedi.

—Crois-tu qu'il ....avec nous au théâtre ce soir?

—Non, je crois qu'il ....l'intention de sortir avec Annie ce soir. J'ai ....qu'ils......................
d'autres projets.

—Je pense que tu ....raison.

Leçon Quarante-deux

	A	B		A	B
Activité 5	Je sais...	Je doute...		Je sais...	Je doute...
1	————	————	6	————	————
2	————	————	7	————	————
3	————	————	8	————	————
4	————	————	9	————	————
5	————	————	10	————	————

Activité 6

—Où vas-tu......................cet été?

—Il est possible que j' ....en Grèce avec des amis . . . .que

nous......................reçus à nos examens et que nous......................assez d'argent.

—Je souhaite que tu......................aller là-bas... C'est un pays magnifique!

—Est-ce que les hôtels sont chers?

—Non, mais il......................mieux que vous......................du camping. C'est moins cher et c'est plus amusant.

—......................qu'il......................beau!

—Il......................toujours beau en Grèce.

Leçon Quarante-trois

	A	B
Activité 4	*Un homme*	*Une femme*

	A	B
1	_____	_____
2	_____	_____
3	_____	_____
4	_____	_____
5	_____	_____
6	_____	_____
7	_____	_____
8	_____	_____
9	_____	_____
10	_____	_____

Activité 5

—Allons au cinéma ce soir.

—.................................... ?

—Au Cluny. Il y a un film de Hitchcock.

—............................... ?

—"Psycho". ....ce film?

—Oui, plusieurs fois!

—Alors, allons au théâtre. Il y a une pièce d'Ionesco au Quartier Latin.

—.................................... ?

—"Rhinocéros".

—Je déteste cette pièce. ....une meilleure idée?

—J'ai l'intention de téléphoner à ta sœur et de sortir avec elle. Au revoir, Suzanne.

Leçon Quarante-quatre

	A	B		A	B
Activité 4	*Une personne*	*Une chose*		*Une personne*	*Une chose*
1	_____	_____	6	_____	_____
2	_____	_____	7	_____	_____
3	_____	_____	8	_____	_____
4	_____	_____	9	_____	_____
5	_____	_____	10	_____	_____

Activité 5

1. ....pensez-vous?

2. ....travaillez-vous?

3. ....parlez-vous?

4. ....faites-vous cela?

5. ....habitez-vous?

6. ....ressemblez-vous?

7. ....avez-vous besoin?

8. As-tu fait cela .... ?

9. Est-ce que ta sœur a fait cela .... ?

10. Est-ce que Marc et Eric ont fait cela .... ?

Leçon Quarante-cinq

Activité 5

	A *Une personne*	B *Une chose*		A *Une personne*	B *Une chose*
1	——	——	6	——	——
2	——	——	7	——	——
3	——	——	8	——	——
4	——	——	9	——	——
5	——	——	10	——	——

Activité 6

—............................est venu ici ce matin?

—C'est Pierre.

—............................a dit?

—Rien, il était très énervé.

—Je crois savoir ....le tourmente.

—............................c'est?

—C'est sa dispute avec Jacqueline.

—............................t'a dit ça?

—Jacqueline ....!

Leçon Quarante-six

	A	B
Activité 4	*Un Homme*	*Une femme*
1	————	————
2	————	————
3	————	————
4	————	————
5	————	————
6	————	————
7	————	————
8	————	————
9	————	————

Activité 5

—Qu'est-ce que tu penses de....................................revue?

—Je préfère.................................... . C'est....................................j'achète d'habitude.

—Et....................................journal-.................................... ?

—Je n'aime pas les journaux politiques. Je préfère....................................traitent de sujets moins sérieux.

—Est-ce que je peux prendre....................................magazine?

—Il n'est pas à moi. C'est....................................ma sœur.

Leçon Quarante-sept

	A	B
Activité 4	*Le garçon*	*La fille*
1	————	————
2	————	————
3	————	————
4	————	————
5	————	————
6	————	————
7	————	————
8	————	————

Activité 5

1. Qui est la fille .... tu as écrit ce matin?

2. Qui est le garçon .... j'ai téléphoné hier?

3. Connais-tu les filles .... j'ai parlé?

4. Quels sont les garçons .... vous êtes sorti?

5. Est-ce que .... étudiants américains apprennent le français?

6. Est-ce que .... classe va réussir à l'examen?

Leçon Quarante-huit

Activité 4

1. Voici l'appartement .... lequel j'ai habité trois ans.

2. C'est la personne .... je vous ai parlé.

3. Voici le garçon .... j'ai fait la connaissance hier.

4. Où est le livre .... j'ai besoin?

5. J'ai lu cette histoire .... un magazine américain.

6. .... -moi cette revue, s'il te plaît.